HMH

La Dissertation

PAR MAYA PRPIĆ

HURTUBISE
HMH

Données de catalogage avant publication (Canada)

Prpić, Maya, 1963-
La Dissertation
(Collection Texto HMH. Français ; 6)
Comprend des références bibliographiques et un index.
Pour les étudiants du niveau collégial.
ISBN 2-89428-196-X
1. Critique. 2. Rhétorique. 3. Thèses et écrits académiques. I. Titre. II. Collection.
PN81.P76 1997 801'.95 C97-940886-5

Consultation pédagogique : France Boisvert
Révision générale : Nathalie Savaria
Conception de la maquette : Design Copilote, Montréal
Infographie : Rive-Sud Typo Service inc.

Responsable éditoriale : Maya Prpić
Éditrice pédagogique : Miléna Stojanac

Éditions Hurtubise HMH ltée
1815, avenue De Lorimier
Montréal (Québec) H2K 3W6 Canada
Téléphone : (514) 523-1523
Télécopieur : (514) 523-9969

Les livres utilisés en référence sont :
Gabrielle Roy, *Bonheur d'occasion*, Montréal, Boréal Compact, 1996, et Dictionnaire *Le Petit Robert I*.

ISBN 2-89428-196-X
Dépôt légal — 1er trimestre 1998
Bibliothèque nationale du Québec
Bibliothèque nationale du Canada

Imprimé au Canada

Sommaire

La dissertation est d'abord un exercice scolaire souvent nécessaire à la réussite des cours et des examens de français. Pourtant, parce que la dissertation oblige à raisonner et à organiser sa pensée de façon logique, cohérente et progressive, elle dépasse largement les frontières des cours de littérature et peut servir aussi bien à analyser une situation, qu'à illustrer une opinion, à synthétiser un problème ou encore à défendre un point de vue.

La *dissertatio*, terme latin, signifiait à l'origine discussion écrite en opposition à l'*oratio*, discours oral. C'est au Moyen Âge qu'elle est plus précisément devenue le lieu de discussion d'une problématique.

La dissertation au collégial

Les techniques de la dissertation sont au programme des cours de français 601-102 et 601-103. Selon le programme du ministère de l'Éducation, il s'agit, dans le premier cours, d'« expliquer les représentations du monde développées dans des textes littéraires de différents genres et de différentes époques » par le biais de dissertations explicatives ; dans le second, d'« apprécier des textes de la littérature québécoise » en rédigeant des dissertations

La dissertation est un travail de rigueur, puisqu'elle se déroule, lors de l'*Épreuve uniforme de français*, dans des limites très précises de temps (4 heures 30 minutes), d'espace (900 mots) et de structure (un plan◆).

Pourtant, à l'intérieur de ces contraintes, elle laisse toute la place à la pensée (les idées) et à son expression (le style).

critiques. De plus les études collégiales sont sanctionnées par un examen, l'*Épreuve uniforme de français*, qui consiste en une dissertation critique de 900 mots à rédiger en 4 heures 30 minutes. **L'approche de la dissertation critique, apprise dans le cours de l'ensemble 3 et appliquée à l'examen de l'*Épreuve uniforme de français*, est celle qui est privilégiée dans ce livre.**

Les types de dissertation

La dissertation explicative

Elle sert à déterminer la capacité d'analyse et de compréhension de l'étudiant, puisqu'elle exige, le plus souvent, de soutenir, d'aller dans le sens de l'énoncé proposé.

Elle se reconnaît le plus souvent à son sujet◆, formulé sur le mode affirmatif.

Exemples :

1. Dans les *Poésies* d'Émile Nelligan, l'« enfance est bienfait, refuge consolateur, parce qu'elle n'est plus ; parce qu'elle nie la vie présente, la vie refusée. » Justifiez cette affirmation du critique Gilles Marcotte en vous appuyant sur des exemples◆ relevés dans le recueil.
2. Montrez comment Gérard Bessette dans *Le Libraire* (1960) « dénonce par les faits, sans aucune éloquence, l'hypocrisie morale d'une petite ville », pour reprendre les mots de Laurent Mailhot.
3. « Nous sommes en présence d'une pièce rigoureusement conçue comme une tragédie, autour d'un héros pathétique victime d'une fatalité » constatent Jean-Cléo Godin et Laurent Mailhot au sujet de *Tit-Coq* de Gratien Gélinas. À l'aide de vos connaissances des gen-

res littéraires et d'éléments explicites extraits de la pièce, expliquez ce qu'entendent les auteurs par cette affirmation.

La dissertation critique

Selon le *Guide de correction de l'Épreuve uniforme de français*, document du ministère de l'Éducation: « La dissertation critique est un exposé écrit et raisonné sur un sujet qui porte à discussion. Dans cet exposé, les étudiants doivent prendre position sur le sujet et soutenir leur point de vue à l'aide d'arguments cohérents et convaincants et à l'aide de preuves tirées des textes proposés et de leurs connaissances littéraires. »

En fait, par le biais de questions neutres qui laissent toute liberté de penser, la dissertation critique cherche à provoquer une réflexion personnelle en incitant l'étudiant à adopter un point de vue particulier sur un sujet donné et à le défendre.

Exemples :

1. L'univers décrit dans *Une saison dans la vie d'Emmanuel* (1965) de Marie-Claire Blais n'est pas sans rappeler celui évoqué par Albert Laberge dans *La Scouine* (1918). Discutez cette affirmation à l'aide d'exemples et d'arguments pertinents aux deux romans.
2. Les *Îles de la nuit*, le recueil de poèmes d'Alain Grandbois publié en 1944, est-il un recueil romantique ? Développez votre argumentation◆ en traitant de son lyrisme ample et de ses thèmes◆ immenses (la nature, l'amour, la mort).

L'essai

Une phrase affirmative, une simple interrogation, un mot parfois suffisent comme point de départ de l'essai. Comme aucune question précise n'est formulée, comme aucun problème n'est explicitement soulevé, le domaine de réflexion est sans limite. Or, il devient justement du ressort de l'étudiant d'imposer des bornes au sujet et d'envisager une façon intéressante de l'aborder.

Exemples :

1. *Le Torrent* de Anne Hébert et le mythe de l'adolescence.
2. L'américanité : réalité ou fiction littéraire ?
3. La littérature du terroir.

La dissertation explicative, la dissertation critique et l'essai constituent idéalement une gradation subtile et complète de l'esprit : une fois capable de soutenir un point de vue (expliquer), l'étudiant peut en examiner la justesse (juger) avant d'être en mesure de se faire seul une idée sur un sujet (discerner).

Attention !

La dissertation n'est pas un texte argumentatif.

Le texte argumentatif :

- s'appuie en général ou bien sur un sujet dont tous les termes sont explicites ou bien sur l'analyse d'un texte précis ;
- propose une thèse soutenue par une série d'arguments présentés sous forme de paragraphes ;
- met l'accent sur la capacité d'analyse, l'application de techniques d'argumentation et l'articulation d'une opinion.

La dissertation :

- exige la compréhension et la maîtrise de notions littéraires et historiques ;
- s'appuie sur une problématique à partir de laquelle il faut dégager un point de vue ;
- nécessite l'élaboration d'un raisonnement intellectuel à partir d'une réflexion personnelle. La dissertation critique développe la pensée individuelle tout en proposant un moyen de l'organiser.

Avertissement

Pour clairement illustrer le travail d'élaboration d'une dissertation, tout au long des rubriques qui vont suivre, le même exemple va être développé, étape par étape.

Sujet: Germaine Guèvremont écrit dans *Le Survenant* (1945): «Celui qui décide de sortir complètement du milieu qui l'étouffe est toujours un aventurier.» Cette phrase peut-elle s'appliquer à Jean Lévesque, personnage de *Bonheur d'occasion* (1945)? Appuyez votre raisonnement sur des exemples précis tirés du roman de Gabrielle Roy.

RAPPEL Le sujet détermine l'orientation générale de la dissertation.

Synonymes de **sujet:** libellé, énoncé.

La structure

Un sujet de dissertation est, en général, composé de quatre éléments. Ils se distinguent parfois clairement les uns des autres, mais ils sont, le plus souvent, imbriqués les uns dans les autres.

Il n'existe pas une dissertation pour un sujet: chaque sujet porte en lui plusieurs dissertations possibles souvent aussi valables les unes que les autres.

1. L'objet

Un sujet de dissertation est «physiquement» délimité, aussi bien par des textes que par des repères spatiaux ou temporels.

Exemple :

Bonheur d'occasion de Gabrielle Roy (1945) et plus particulièrement le personnage de Jean Lévesque.

2. Le thème

Mot clé◆ imbriqué dans la problématique, au cœur de l'énoncé, le thème sert de point de départ au sujet en proposant un champ de réflexion.

Exemple :

Le thème est celui de l'« aventurier ». Il est lié à celui de l'aventure.

3. La problématique

Elle circonscrit la portée du thème en précisant l'objet exact sur lequel la réflexion va s'exercer. En général énoncée de façon affirmative, elle peut aussi s'exprimer sous forme de question.

Exemple :

« Celui qui décide de sortir complètement du milieu qui l'étouffe est toujours un aventurier. »

4. La consigne

La consigne détermine l'approche à adopter. En général contenue dans un seul verbe, elle peut englober plusieurs exigences, c'est-à-dire qu'elle peut combiner plusieurs démarches.

Exemple :

« Appuyez votre raisonnement sur des exemples précis tirés du roman de Gabrielle Roy. »

Il s'agit de déterminer si le personnage de Jean Lévesque correspond bien à la définition de l'aventurier de Germaine Guèvremont, en s'inspirant des épisodes qui lui sont consacrés dans *Bonheur d'occasion*.

L'analyse du sujet

Aussi simple qu'un sujet puisse paraître, il est toujours formulé de telle sorte que la réflexion peut s'exercer sur des termes particuliers. Ces mots clés jouent un rôle de points de repère : à partir d'eux, il va être possible de démarrer la réflexion. Pour les reconnaître, il convient de reprendre chacun des éléments du sujet et de trouver les mots ou expressions qui s'imposent par leur évidence ou encore ceux qui posent problème.

Exemple :

Objet : *Jean Lévesque.* Jeune homme du quartier de Saint-Henri à Montréal qui, pour réaliser son ambition d'ascension sociale, travaille et étudie en même temps. Orphelin, il a quitté sa famille adoptive à 15 ans. À la fois attiré et repoussé par Florentine Lacasse, il entretient avec elle une brève relation qui le laisse insatisfait.

Thème : « *aventurier* », *l'aventure.* D'après le dictionnaire, « aventurier » désigne « une personne qui cherche l'aventure par curiosité et goût du risque, sans que les scrupules moraux l'arrêtent », mais il peut aussi se rapprocher, dans un sens plus ancien, de l'adjectif « aventureux ». Autrement dit, il sera utile de se demander si Jean Lévesque se rapproche de l'une ou l'autre de ces définitions.

Problématique : « sortir [de son] milieu... aventurier ». Le fait que Jean Lévesque veuille quitter son quartier suffit-il à en faire un aventurier ?

Consigne : Que l'étudiant décide d'aller dans le sens de l'affirmation, de la contester ou de la nuancer au besoin, l'important est qu'il ne la tienne pas pour acquise. L'argumentation doit reposer sur des éléments explicites et concrets pris à même *Bonheur d'occasion.*

ASTUCE

Un sujet est toujours composé de mots clés. Pour les retrouver : dans l'objet, considérer les titres, les auteurs, les dates ; dans le thème, les noms ; dans la consigne, les verbes.

La reformulation

Il est plus efficace de reformuler un sujet sous forme de question.

Le sujet une fois délimité, déterminé et analysé, il est utile de le reformuler simplement dans ses propres mots, de se le réapproprier, pour pouvoir y répondre plus clairement.

Exemple :

Est-ce que Jean Lévesque, parce qu'il cherche absolument à quitter la misère du quartier de Saint-Henri, est un aventurier ?

Mémo

- Le sujet fixe les limites physiques (objet) et intellectuelles (thème et problématique) de la dissertation tout en lui imprimant une orientation (consigne).

La ligne directrice

RAPPEL La ligne directrice◆ ne peut exister que si le sujet a été analysé et clairement reformulé. La manière dont le sujet a été compris et réécrit va aider à adopter un point de vue.

Synonymes de **ligne directrice** : idée directrice, fil conducteur, objectif, thèse principale, point de vue.

Il peut exister plusieurs points de vue possibles pour un même sujet. Dans une dissertation, il y a rarement de bonne ou de mauvaise réponse, mais il y a toujours un bon ou un mauvais raisonnement.

Chaque sujet renferme en lui plusieurs possibilités de dissertation. Le texte final dépend autant de l'esprit critique de son auteur, que de son imagination et de sa personnalité. Une dissertation de 900 mots ne peut pas couvrir tous les points de vue possibles d'un même sujet. La ligne directrice permet donc de ne pas se disperser en montrant la qualité et l'originalité de sa réflexion.

Pour trouver une ligne directrice, il suffit :

- de reprendre le sujet reformulé sous la forme de la question « Est-ce que… » et d'y répondre par oui ou par non (prise de position) ;
- de poser à nouveau la question en termes plus directs, en commençant par l'interrogation « Pourquoi ? » ;
- de répondre à cette nouvelle question par : « essentiellement parce que » ou « avant tout ».

Une bonne ligne directrice provoque des questions plus qu'elle n'en fournit. Elle peut être concentrée en un seul mot clé et ce mot, général et commun, peut se prêter à plusieurs interprétations.

LA LIGNE DIRECTRICE			
	Bonne	**Moins bonne**	**Mauvaise**
Prise de position Jean Lévesque est-il un aventurier?	Oui.	Oui.	Oui.
Ligne directrice Pourquoi Jean Lévesque est-il essentiellement un aventurier?	Parce que c'est avant tout un être solitaire.	Parce qu'il est essentiellement ambitieux.	Parce qu'il aime le risque.
Validation	Pourquoi le fait d'être un solitaire fait de Jean Lévesque un aventurier?	Pourquoi le fait d'être ambitieux fait de Jean Lévesque un aventurier?	Pourquoi le fait d'aimer le risque fait de Jean Lévesque un aventurier?
	• Parce qu'il est curieux; individualiste; sans scrupules. • Parce qu'il n'a pas peur des départs et des ruptures; a le goût de l'aventure. • Parce qu'il n'est responsable que de lui-même.	• Parce que l'ambition le force à se dépasser. • Parce qu'elle le démarque des autres. • Parce qu'elle le pousse à agir.	
Commentaire	L'adjectif «solitaire» permet de rendre compte de la complexité de Jean Lévesque en conciliant ses contradictions.	L'adjectif «ambitieux» resserre inutilement le chemin déjà étroit de la réflexion: l'ambition fait exclusivement référence à la réussite personnelle; elle ne représente qu'une des caractéristiques de Jean Lévesque.	La ligne directrice ne convient pas du tout: elle réduit la signification d'«aventurier» à un seul sens possible et ne tient pas du tout compte du contexte du sujet.

Attention!

Une prise de position n'est pas une ligne directrice. La première exprime une opinion (d'accord; pas d'accord), la deuxième propose un point de vue.

La recherche d'idées

RAPPEL Une recherche d'idées efficace peut s'effectuer seulement lorsque le sujet a été bien compris (analysé) et bien assimilé (reformulé).

Attention !

Toutes les idées plus ou moins formulées, phrases ou mots, qui sont jetées sur le papier ne vont pas nécessairement servir à la dissertation. Elles servent avant tout à stimuler la réflexion dans les limites du sujet.

Avant d'émettre des idées, l'esprit doit les créer. Pour cela, il a besoin de points d'ancrage réels et concrets. C'est la raison pour laquelle il va souvent d'abord prendre appui sur des exemples. À partir de ceux-ci, il va être en mesure, par un jeu de questions, de rapprochements, de réponses et, bien sûr, de réflexion, d'énoncer petit à petit des idées qui formeront, éventuellement, le plan. En fait, cette partie du travail de la dissertation est un vaste brouillon où tout peut être lancé de façon anarchique. Il suffit de laisser aller sa curiosité, son imagination, sa pensée.

ASTUCE

Une dissertation se construit presque essentiellement à partir des **questions** qu'on peut se poser. Les questions servent à s'assurer que le sujet a été compris, à trouver la ligne directrice, à trouver des idées, à vérifier la solidité d'un plan. Plus on se pose de questions avant d'écrire, plus la rédaction sera facile.

La recherche des idées, comme l'élaboration du plan, s'articule autour de la ligne directrice. Le sujet, lui, garde un rôle d'aide-mémoire.

Comment s'y prendre ? Une démarche de réflexion méthodique et systématique basée sur le dictionnaire, le sujet, les connaissances littéraires et techniques s'avère une manière éprouvée d'affronter le vide de la page blanche.

Le dictionnaire

En classe, comme à l'*Épreuve uniforme de français*, un dictionnaire par étudiant est autorisé. Cet outil est indispensable à la dissertation, car il offre non seulement des définitions, mais aussi des pistes de réflexion grâce à des associations d'idées, des synonymes et des antonymes.

Définitions

Les définitions expliquent des termes inhabituels ou compliqués, mais plus souvent, elles aident à préciser les différents sens possibles d'un mot commun. Chacun des sens donnés par le dictionnaire peut devenir une idée pour la dissertation, à condition qu'il soit cohérent avec le sujet.

Exemple :

Aventurier : « 1° Soldat volontaire, mercenaire, corsaire. 2° Personne qui cherche l'aventure, par curiosité et goût du risque, sans que les scrupules moraux l'arrêtent. 3° Aventureux. »

Il apparaît à la première lecture que le sens 1 ne correspond pas du tout à Jean Lévesque, que le 2 peut lui être attribué dans une certaine mesure (curiosité, goût du risque, scrupules). Le sens 3 est intéressant car il reporte à un autre mot, en suggérant alors une association d'idées.

Les associations d'idées

Quand un mot renvoie à un autre, quand un terme est nuancé ou contredit par un autre terme ou une expression, il est alors possible de parler d'association d'idées. La rencontre de mots ou de définitions différents offre un terrain fertile aux idées.

Exemple:

En passant de « aventurier » à « aventureux », on obtient, entre autres : « 1° Qui aime l'aventure, se lance volontiers dans les aventures. [...] 3° Plein d'aléas, de risques. »

De la même façon, en remontant vers « aventure », on trouve : « ensemble d'activités, d'expériences qui comportent du risque, de la nouveauté et auxquelles on accorde une valeur humaine. » En lisant cela, il est possible de se demander si ce n'est pas justement pour la « valeur humaine » de l'expérience que Jean Lévesque accepte de poursuivre sa relation avec Florentine.

Les associations d'idées peuvent se faire en dehors de l'usage d'un dictionnaire. Celui-ci n'est qu'un outil pour aider et faciliter la recherche. Il ne remplace pas la réflexion personnelle.

De telles définitions peuvent toujours être précisées ou bien en poursuivant aussi loin que nécessaire le processus d'associations d'idées ou bien en s'appuyant sur les synonymes ou les antonymes inclus dans les définitions.

Synonymes et antonymes

Des mots qui ont une signification très proche — mais pas identique —, ou opposée, ont eux-mêmes le potentiel de proposer de nouvelles pistes de recherche.

Exemple:

Le synonyme d'aventurier est « intrigant » ; les synonymes de « aventureux » sont « audacieux, hardi, téméraire », mais aussi « aléatoire, dangereux, hasardeux, risqué » ; les antonymes de « aventureux » sont « circonspect, prudent, sûr ».

À la lecture de ces adjectifs, il est utile de se demander lesquels caractérisent Jean Lévesque et dans quelle mesure ils le définissent. Pour répondre à ces questions, il est indispensable de retourner au texte même, soit *Bonheur d'occasion.*

L'objet

Il constitue la référence ultime, celle vers laquelle il faut constamment revenir. L'objet des dissertations est, plus souvent qu'autrement, un extrait de texte littéraire ou encore un roman, une nouvelle, un poème ou un recueil, une pièce de théâtre. Les passages pertinents pour le traitement d'un sujet donné fournissent en général la matière première de toute dissertation en plus de valider des idées trouvées ailleurs (dans le dictionnaire ou par les connaissances techniques et littéraires). En fait, un texte fournit aussi bien des mots clés qui alimentent la réflexion que des citations qui serviront d'exemples.

Exemple :
Sans faire l'inventaire de tous les passages de *Bonheur d'occasion* consacrés à Jean Lévesque, on peut noter quelques phrases : « [...] les bateaux, hélices, rails et sifflets épellent autour de lui l'aventure » (p. 36) ; « [...] une curiosité qui brûlait comme une passion [...] le seul sentiment [qui] lui paraissait indispensable à l'enrichissement personnel » (p. 28) ; « [...] c'est aux voyages infinis de l'âme qu[e Westmount] invite » (p. 36) ;« [...] seul, dans une solitude qui l'exaltât parce qu'il y trouvait comme le libre épanouissement de lui-même » (p. 111) ; « [...] déjà en ce temps-là, il avait un besoin profond d'individualité » (p. 209) ; « Son ancienne et stérile pitié [...] ne lui pesait plus » (p. 222).

Aventure, voyages, curiosité, solitude, individualité, pitié : autant de termes à partir desquels, avec l'aide du dictionnaire ou de la réflexion, peuvent se créer de nouvelles associations d'idées.

Les connaissances littéraires

Écrire une dissertation exige un minimum de connaissances aussi bien sur l'œuvre à l'étude que sur l'auteur ou son époque.

L'œuvre

Si le texte est un extrait, il est toujours bon de savoir à quel livre il appartient, à quelle partie du livre il correspond. Si, par contre, il s'agit d'un texte complet, un poème, par exemple, il est tout aussi utile de le situer dans l'ensemble du travail d'un écrivain. Dans un cas comme dans l'autre, placer un texte dans l'œuvre d'un écrivain peut aider à mieux le comprendre. De plus, certains indices, comme la date de parution ou le genre du texte, peuvent charger le texte d'une signification qu'il n'aurait pas autrement.

Exemple :

Publié en 1945, *Bonheur d'occasion* est le premier roman de Gabrielle Roy.

L'auteur

Connaître en détail la vie d'un écrivain est souvent inutile pour un travail de dissertation : en général, le texte à étudier se suffit à lui-même. Toutefois, certains détails, plus ou moins anecdotiques, servent de temps en temps à jeter un éclairage nouveau sur un aspect de l'écriture de l'auteur.

Exemple :

Institutrice et journaliste, Gabrielle Roy a retenu de ces deux métiers à la fois un souci de la qualité de la langue et du détail, de la vraisemblance. Née au Manitoba de parents québécois, elle a volontairement choisi d'écrire en français.

L'époque

Le moment auquel un livre paraît (s'il suit de près le moment où il a été écrit) est toujours très significatif. En effet, un livre n'est pas un objet détaché de la réalité : il en fait intégralement partie. À défaut de toujours pouvoir adhérer à des courants littéraires clairement définis, les livres s'inscrivent cependant dans un moment précis ou de l'actualité, ou plus souvent, de l'histoire des idées et des mentalités.

Exemple :

Bonheur d'occasion est publié au lendemain de la Deuxième Guerre mondiale. Il s'éloigne complètement, tant par son sujet que par ses thèmes, du *Survenant* de Germaine Guèvremont, paru la même année. Le roman rend compte à Montréal, dans le quartier de Saint-Henri, des profonds bouleversements provoqués par la guerre : dans un monde en transformation, plus rien n'est certain, tout devient possible.

Les connaissances techniques

La qualité littéraire d'un texte se reconnaît à un ensemble de moyens stylistiques mis en œuvre pour rendre compte d'une vision du monde propre à chaque écrivain. Autant le sujet, l'intrigue, les thèmes, les personnages donnent toute sa force à l'œuvre, autant les règles du genre auquel elle appartient, les tonalités et les registres de langue qui y sont employés, les figures de style choisies ou encore le point de vue narratif adopté lui confèrent à la fois sa beauté et son originalité.

Les genres littéraires

Tout type de texte écrit appartient à un genre littéraire ou à une combinaison de genres. Bien qu'il en existe une multitude, quatre grandes familles se distinguent.

LES GENRES LITTÉRAIRES

Genre	Type	Caractéristiques
FICTION NARRATIVE	Roman	• Une intrigue découpée en séquences qui s'attache à la vraisemblance.
	Nouvelle	• Une structure type: état initial ➛ transformation ➛ état final.
	Conte	• Relations complexes entre de nombreux personnages.
	Récit	• Présence d'un héros.
POÉSIE	Poésie en vers Poésie en prose	Sentiments, sensations, émotions exprimés par des images et un travail sur le langage.
THÉÂTRE	Tragédie	• Dialogues et didascalies (instructions pour la mise en scène).
	Comédie	• Une intrigue riche en rebondissements et péripéties.
	Drame	• Une action en trois moments: exposition ➛ action ➛ dénouement.
ESSAI		• Ouvrages de réflexion et d'idées. • Thème généralement inscrit dans l'histoire de la pensée ou dans l'actualité d'un débat.

Tableau établi d'après ETERSTEIN, Claude et LESOT, Adeline, *Les Techniques littéraires au Lycée*, Paris, Hatier, 1995, p. 172-175, 181-183, 191-192, 199 et COMBE, Dominique, *Les Genres littéraires*, coll. «Contours littéraires», Paris, Hachette, 1995, p. 13-16.

Exemple :

Bonheur d'occasion appartient à la tradition du roman. Circonscrit dans le temps (trois mois) et dans l'espace (quartier de Saint-Henri), il rend compte de la transformation que subissent plusieurs des personnages.

État initial : Jean Lévesque ➛ solitaire, ambitieux, pitié de ses semblables.

Transformation : Il rencontre Florentine ➛ elle le débarrasse de ses scrupules révélant une part désagréable de sa personnalité (égoïsme, arrivisme).

État final : Il passe à l'action ➛ il quitte le quartier et change d'emploi.

Les niveaux de langue

Les niveaux de langue ou registres de langue varient selon les textes : plusieurs d'entre eux peuvent se trouver dans une même page. Familier (populaire), courant (neutre) ou soutenu (littéraire), ils agissent toujours à titre d'indices, puisque tantôt ils cherchent à exprimer une réalité différente, tantôt ils servent à décrire, au-delà des mots, un personnage ou une situation.

LES NIVEAUX DE LANGUE			
Niveau	**Vocabulaire**	**Syntaxe**	**Exemple**
FAMILIER ou populaire	Très concret, même grossier.	Phrases souvent brèves qui ne respectent pas toujours les règles de la grammaire.	*Quoi ce que c'est, Azarius ?* (p. 175)
COURANT ou neutre	Usuel.	Phrase sans recherche mais grammaticalement correcte.	*L'horloge de l'église de Saint-Henri marquait huit heures moins le quart lorsqu'il arriva au cœur du faubourg.* (p. 34)
SOUTENU ou littéraire	Mots rares Images élégantes	Phrases complexes, avec inversion du sujet et utilisation recherchée des temps verbaux.	*Le sentiment de son ignorance accrut celui de sa solitude. Il n'y avait que sa solitude qu'il pût mesurer. Il en jugea la profondeur à la liberté des vents échevelés qui passaient sur les hauteurs, repus d'espaces parfumés.* (p. 338)

Exemple:
Les dialogues et les descriptions de *Bonheur d'occasion* diffèrent de façon marquée. Gabrielle Roy adopte en général pour les premiers un registre familier, alors que pour les secondes, elle privilégie un niveau plus courant ou, dans certains cas, plus soutenu. Jean Lévesque se distingue de la plupart des personnages parce qu'il est un des seuls à employer un niveau de langue neutre: il ne fait déjà plus partie de son milieu.

Les tonalités

Elles servent à la fois à identifier l'intention de l'auteur, ce qu'il cherche à faire passer, et à situer un texte dans le genre auquel il appartient. Pour cela, elles contribuent à sa richesse, puisqu'elles permettent à l'auteur de transmettre un certain nombre de renseignements de façon implicite.

Exemple:
Dans *Bonheur d'occasion*, la tonalité générale est réaliste. Les passages qui touchent de plus près Jean Lévesque et Florentine Lacasse ont une tonalité plus pathétique qui laissent entrevoir que leur relation est vouée à l'échec.

LES TONALITÉS

Tonalité	**À quoi elle sert**	**Genre**	**Moyens techniques**
ÉPIQUE	Parole célébrant les exploits d'un héros.	Épopée Roman Théâtre	• Hyperbole • Gradation, accumulation • Métaphores ; symboles
TRAGIQUE	Sentiment de l'homme qui prend conscience de forces qui le dominent malgré la résistance qu'il leur oppose.	Tragédie classique Théâtre du XXe siècle	• Vocabulaire de la fatalité et du désespoir • Espace, action et temps limités (par la mort ou la folie)
PATHÉTIQUE	Cherche à émouvoir par des situations ou des discours marqués par la passion, la souffrance, la difficulté de vivre.	Roman Poésie Théâtre	• Vocabulaire des émotions et des sentiments • Rythmes brisés • Interjections • Ponctuations fortes
DRAMATIQUE	Action tendue, des événements violents qui se succèdent sans répit.	Théâtre Roman à suspense Roman policier	• Multiplication des actions • Coups de théâtre • Rythme tendu et accéléré
LYRIQUE	Expression poétique des sentiments personnels. Éveille la sensibilité, les émotions et les états d'âme.	Poésie du XXe siècle Poésie et prose romantiques	• Vocabulaire des sensations et des sentiments • Épanchement ou exaltation • Utilisation de la 1re personne
COMIQUE	Provoque le rire, la moquerie et la critique par l'utilisation de plusieurs procédés.		
Ironique	Effets de décalage laissant penser que celui qui parle dit le contraire de ce qu'il veut faire comprendre.	Textes polémiques et dénonciateurs	• Antiphrase • Juxtapositions, exagérations ou atténuations inattendues
Satirique	Critique moqueuse de mœurs ou de vices.	Théâtre Roman	
Parodique	Imitation comique d'un discours ou des attitudes physiques d'une personne.		
RÉALISTE	Représentation du réel sans embellissement, sans recherche de valorisation esthétique.	Romans du XIXe et du XXe siècle	Vocabulaire précis

Tableau établi d'après SABBAH, Hélène, *Littérature. Textes et méthode*, Montréal, Hurtubise HMH, 1994, p. 75, 158, 206 ; WEINMANN, Heinz et CHAMBERLAND, Roger, *Littérature québécoise. Des origines à nos jours. Textes et méthode*, Montréal, Hurtubise HMH, 1996, p. 109 ; SABBAH, Hélène, *Littérature 1re. Textes et méthode*, Paris, Hatier, 1994 ; ETERSTEIN, Claude et LESOT, Adeline, *Les Techniques littéraires au Lycée*, Paris, Hatier, 1995, p. 125.

Les figures de style

Par le choix et l'emploi de figures de style, l'écrivain « signe » littéralement son œuvre, la marque de son empreinte personnelle. Au même titre que son vocabulaire ou la structure de ses phrases, les figures de style donnent une idée de sa sensibilité comme de sa personnalité en mettant en valeur les thèmes de son œuvre ou en traduisant des préoccupations qui ne sont pas explicitement énoncées.

Bien qu'il existe un nombre impressionnant de figures, la maîtrise d'une douzaine d'entre elles environ, regroupées en cinq catégories, suffit à saisir rapidement ce qui fait l'originalité d'un texte.

Exemple :
Gabrielle Roy utilise relativement peu de figures de style dans *Bonheur d'occasion.* Elle le fait essentiellement par le biais de la comparaison, de la métaphore et de la personnification pour donner une « voix » au quartier de Saint-Henri, lui conférer le statut de personnage.

LES FIGURES DE STYLE		
Type	**Description**	**Exemple**
FIGURES D'ANALOGIE		
Comparaison (f.)	Deux termes (un comparant et un comparé) appartenant à des domaines différents, mais qui ont un point de ressemblance, sont rapprochés à l'aide d'un outil de comparaison : comme, tel que, pareil à, ressembler à, à la manière de, à l'égal de.	— *C'est pas surprenant, dit-elle, que vous parlez comme un gros livre à lire des affaires comme ça…* (p. 14)
Métaphore (f.)	Elle ressemble à la comparaison, mais sans outil de comparaison. Il arrive que les termes d'une métaphore se retrouvent tout au long d'un texte : dans ce cas, on parle de métaphore filée.	*Il changea imperceptiblement de ton, durcit un peu son regard.* (p. 10) « *Mais puisque tu me tends la perche…* » (p. 11)
Allégorie (f.)	Elle permet de représenter de façon concrète des idées abstraites.	*Et c'était probablement ainsi qu'elle était elle-même (…) : moitié peuple, moitié printemps gracieux, printemps court, printemps qui serait tôt fané.* (p. 28)
Personnification (f.)	Elle consiste à donner la parole à des êtres inanimés. Donner la parole à des animaux s'appelle la prosopopée.	*Mais que cette ville l'appelait maintenant à travers Jean Lévesque !* (p. 19)
FIGURES D'OPPOSITION		
Antithèse (f.)	Elle oppose deux mots ou deux expressions pour accentuer l'effet de contraste entre eux.	*Sourire quand la rage lui montait à la gorge en une boule lourde et dure !* (p. 17)
Antiphrase (f.)	Elle exprime un mot ou une locution par leur contraire, souvent dans une intention ironique.	*Ah ! ce garçon ne devait pas s'embêter le samedi soir !* (p. 19)
Oxymore (m.)	Il réunit dans une même expression deux termes tout à fait contradictoires, créant ainsi une réalité surprenante.	*… sur laquelle la cafetière déversait, avec un bruit crépitant, des gouttes d'écume noirâtre.* (p. 29)

Type	Description	Exemple
FIGURES DE SUBSTITUTION		
Métonymie (f.)	Elle remplace un objet par un autre qui a, avec le premier, un rapport logique.	*Jean Lévesque restait enfoui dans l'entrée d'un magasin à cogner ses talons contre la pierre froide.* (p. 77)
Périphrase (f.)	Elle exprime en plusieurs mots une idée qui pourrait s'exprimer en un seul, dans le but d'éviter une répétition ou de fournir une explication.	« *Ton type te fait de l'œil, hein !* » (p. 16) pour **reluquer** « *mon ami de garçon* » (p. 85) pour **amoureux**
FIGURES D'AMPLIFICATION		
Hyperbole (f.)	Elle amplifie les faits en les exagérant pour mieux mettre en valeur leur importance. Figures voisines : exagération, emphase.	*Jean, par les vitres embuées, apercevait (…) un entassement d'humanité lasse…* (p. 78)
Gradation (f.)	Elle propose une succession de termes d'intensité croissante ou décroissante. Figures voisines : énumération, accumulation.	… *tout ce qu'elle désirait, admirait, enviait, flotta devant ses yeux.* (p. 19)
Répétition (f.)	Elle exprime l'insistance et donne à la fois du rythme et du relief à des notions en revenant plusieurs fois sur elles. Figures voisines : pléonasme, allitération, anaphore.	*À louer, leurs bras ! À louer, leur oisiveté ! À louer, leurs forces, et leurs pensées surtout…* (p. 49)
FIGURES D'ATTÉNUATION		
Litote (f.)	Elle exprime une pensée forte de façon très mesurée : elle dit peu pour faire comprendre plus.	« *Le patron commence à en avoir assez de son père.* » (p. 71)
Euphémisme (m.)	Il atténue l'impact d'une idée choquante ou déplaisante en lui substituant un terme moins brutal.	« *T'auras plus faim, non plus au ciel, Nini.* » (p. 374) *Florentine parvenait à se représenter sa faute comme un stupide accident.* (p. 265)

Tableau établi d'après WEINMANN, Heinz et CHAMBERLAND, Roger, *Littérature québécoise. Des origines à nos jours. Textes et méthode*, Montréal, Hurtubise HMH, 1996, p. 171 ; ETERSTEIN, Claude et LESOT, Adeline, *Les Techniques littéraires au Lycée*, Paris, Hatier, 1995, p. 105-108 ; SABBAH, Hélène, *Littérature. Textes et méthode*, Montréal, Hurtubise HMH, 1994, p. 66-67.

Le point de vue narratif

Utilisé essentiellement dans les romans, le point de vue narratif est une manière supplémentaire pour l'auteur d'indiquer sa présence en influençant la façon dont son texte va être perçu par le lecteur.

Exemple:
En alternant les points de vue autour du personnage de Jean Lévesque, puisqu'il est tantôt décrit par Florentine, tantôt vu de l'extérieur, tantôt perçu par lui-même, Gabrielle Roy montre, sans avoir à le dire explicitement, que Jean Lévesque est un homme complexe.

LE POINT DE VUE NARRATIF

Point de vue	Description	Effet
Point de vue omniscient ou focalisation zéro ou vision globale	Le narrateur a une vision illimitée: rien ne lui échappe. Il sait tout de l'intrigue, des personnages et des motifs de leurs actions.	Le lecteur a le sentiment de posséder et de maîtriser tous les éléments de l'intrigue.
Point de vue externe ou focalisation externe ou vision objective	Les faits et les personnages sont décrits de l'extérieur.	Le lecteur découvre les événements et les personnages au fur et à mesure du récit.
Point de vue interne ou focalisation interne ou vision subjective	L'action est perçue et ressentie par un personnage en particulier. Ce sont ses interprétations des événements qui sont rapportées dans le récit.	Le lecteur, en comprenant mieux un personnage, peut davantage s'identifier à lui.

Tableau établi d'après ETERSTEIN, Claude et LESOT, Adeline, *Les Techniques littéraires au Lycée*, Paris, Hatier, 1995, p. 135-135; SABBAH, Hélène, *Littérature 1re. Textes et méthode*, Paris, Hatier, 1994, p. 353; OTT, François et VAAST, Pierre, *Le Français au bac professionnel*, Paris, Hatier, 1991, p. 123.

Sujet: Germaine Guèvremont écrit dans *Le Survenant* (1945): «Celui qui décide de sortir complètement du milieu qui l'étouffe est toujours un aventurier.» Cette phrase peut-elle s'appliquer à Jean Lévesque, personnage de *Bonheur d'occasion* (1945)?

BROUILLON

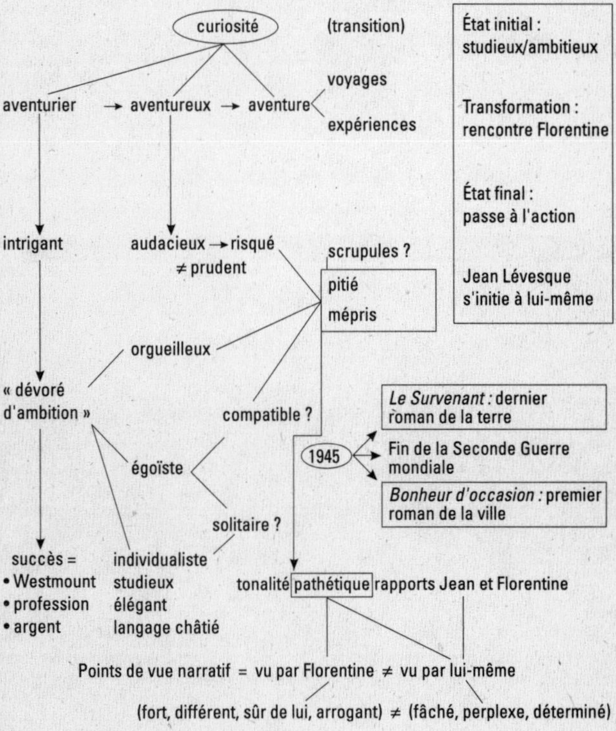

Notes: Jean Lévesque a déjà quitté son « milieu » deux fois : orphelin et à 15 ans (foyer adoptif).
Il est en transition : études, métier, logement, etc…

Une recherche d'idées menée à terme offre le spectacle d'une feuille de brouillon couverte de mots et de signes divers qu'il s'agit de transformer en plan.

Mémo

- Le point de départ de toute recherche d'idées est le texte à étudier. À l'aide notamment du dictionnaire et de l'application méthodique de connaissances littéraires et techniques, il fournit tous les éléments nécessaires pour lancer et nourrir la réflexion.

Une des étapes les plus difficiles de la dissertation consiste à transformer le brouillon de la recherche d'idées en un plan cohérent, logique et progressif. Pour y mettre de l'ordre sans s'y perdre, il est possible d'adopter une démarche en quatre étapes : analyser les éléments notés, distinguer les exemples des idées, distinguer les idées entre elles, regrouper tous les éléments par ordre d'idées.

L'analyse

Un brouillon n'a de valeur que s'il sert à expérimenter des pistes, à confirmer des intuitions ou à éviter des idées qui n'aboutissent à rien. Pour faire tout cela, il est nécessaire de **toujours se poser des questions**, de **ne jamais tenir un mot pour acquis**, de **pousser sa réflexion jusqu'au bout**.

Les trois questions principales à se poser indifféremment au moment de passer à la construction d'un plan sont : « Qu'est-ce que cela veut dire ? », « Pourquoi ? » et « Comment ? » En y répondant, l'étudiant construit son plan et commence à rassembler les éléments de rédaction de son texte.

Exemples :

1. Le terme « voyage » : qu'est-ce qu'il veut dire dans le cas de Jean Lévesque ?

   a. Il habite près du canal Lachine et du chemin de fer qui évoquent le départ : « Souvent [...] Jean avait cru être en voyage tantôt sur un cargo, tantôt dans un wagon-lit » (p. 32).

   b. Mais, à cause de ses aspirations (de son ambition), le voyage est aussi celui de l'ascension sociale : « c'est aux voyages infinis de l'âme qu[e Westmount] invite. » (p. 36)

2. Pourquoi Jean éprouve-t-il de la pitié à l'égard des habitants de Saint-Henri ?

   a. Ou bien il pense qu'ils sont comme lui, c'est-à-dire qu'ils cherchent absolument à comprendre le sens de leur existence ;

   b. ou bien, il sent qu'il fait encore partie d'eux et, dans le cas de Florentine, elle lui rappelle, non pas ce qu'il est, mais ce qu'il aurait pu être : un homme au destin tout tracé d'avance.

   c. Donc, sa pitié, même si elle est apparemment exercée sur les autres, est dirigée vers lui-même.

Les exemples

Un exemple se distingue naturellement d'une idée parce qu'il exprime quelque chose de **concret** que l'esprit peut visuellement se représenter, en général sous forme d'objet.

Il existe, pour les dissertations littéraires, trois types d'exemples courants.

La citation : Type d'exemple le plus souvent employé dans la dissertation, la citation, comme elle reprend tels quels les mots du texte étudié, est considérée comme une preuve irréfutable pour soutenir une affirmation.

La description : Pour éviter les citations trop longues ou encore récapituler plusieurs épisodes d'un même événement éparpillés à travers le texte, on peut avoir recours au résumé. En quelques mots, il permet de retracer un moment de l'œuvre, de cerner un personnage, d'éclaircir une situation.

Exemple :

La transformation que subit Jean Lévesque et ses effets, aussi rapide qu'elle soit, se déroule en trois étapes : il se libère du sentiment de pitié qui l'étouffait, il pose sa candidature à un emploi rémunérateur, il quitte Saint-Henri.

La référence : Lorsqu'il faut faire appel à ses connaissances littéraires, des allusions concrètes à un auteur, à son époque, à son œuvre, à ses thèmes ou à son style situent le propos dans une perspective précise en lui conférant le poids de l'autorité.

Exemple :

Gabrielle Roy s'est toujours défendue d'être une romancière réaliste. Contrairement à Balzac, par exemple, elle ne recherche pas tant l'exactitude dans la représentation de la réalité quotidienne qu'une certaine vérité dans la psychologie de ses personnages.

Le processus d'élaboration d'une dissertation fonctionne selon une mécanique de roulement de l'esprit. En effet, pour établir un brouillon, l'on doit commencer par trouver des exemples (concret) avant de pouvoir, petit à petit, formuler des idées (abstrait). Une dissertation rédigée présente, elle, le processus inversé de la réflexion : elle commence par exposer des idées, qu'elle explique, puis qu'elle illustre.

Les idées

Contrairement à l'exemple qui est concret, une idée est toujours **abstraite**. Véritable construction de l'esprit, elle articule des affirmations et des notions à un niveau qui reste purement intellectuel. Toutefois, une idée n'a de valeur réelle dans une dissertation que si elle peut être « traduite » de façon concrète, d'où l'importance des exemples.

Il existe deux genres d'idées : les idées principales et les idées secondaires subordonnées les unes aux autres par un rapport logique.

L'idée principale*

Elle sert à appuyer, à renforcer la ligne directrice en présentant un de ses aspects importants. En général, l'idée principale répond à la question « pourquoi ? » que suggère la ligne directrice. Elle doit rester suffisamment générale pour nécessiter des précisions et générer de nouvelles questions tout en restant près du sujet.

La solidité d'une idée principale se reconnaît à ce qu'elle fait le lien entre la ligne directrice et les idées secondaires en répondant à la première et en suggérant les autres.

Exemple :

Ligne directrice : oui, Jean Lévesque est un aventurier essentiellement parce que c'est un être solitaire.

Les idées principales découleront de la question : « Pourquoi peut-on dire que Jean Lévesque est un solitaire ? » « En quoi le fait d'être solitaire en fait-il un aventurier ? » Réponses possibles : parce qu'il ne **compte** que **sur lui-même** ; parce qu'il est **différent** de ses amis ; parce qu'il n'a pas de **responsabilités** ; parce qu'il ne craint pas l'**inconnu**.

Ces réponses peuvent servir d'idée principale puisque chacune d'entre elles comporte des termes qui doivent être ou expliqués ou justifiés ou développés.

L'idée secondaire◆

L'idée secondaire explique, nuance, approfondit, complète l'idée principale. Elle répond à une question qui exige une précision : « comment ? », « de quelle manière ? »

Une bonne idée secondaire se suffit à elle-même. Comme elle est déjà une explication en soi, elle n'a pas besoin d'être développée davantage. Une fois exposée, elle n'a besoin que d'être prouvée, concrétisée. C'est alors que l'exemple joue pleinement son rôle.

Exemple :

Idée principale : Jean Lévesque est différent de ses amis.

Les idées secondaires découleront de la question : « Comment, de quelle manière est-il différent ? » Réponses possibles : il est individualiste ; il est guidé par l'ambition ; il est sans attaches.

Le regroupement

Pour faciliter la rédaction du plan, il est important de reprendre le brouillon de la recherche d'idées et de regrouper ensemble les éléments notés qui se recoupent. Par éléments, il faut entendre aussi bien les exemples que les idées. En principe, il devrait se dégager deux ou trois ensembles qui formeront par la suite les parties◆ du développement◆. Il est clair que toute l'information réunie ne servira peut-être pas, mais cet exercice permet de relever les répétitions et de dégager les idées orphelines, celles qui, ne s'inscrivant dans aucun ensemble, ne serviront pas.

L'important dans une dissertation est d'aller jusqu'au bout de ce qu'on a à dire. C'est pourquoi il vaut mieux ne développer complètement que quelques arguments. Le succès est dans la qualité, non pas la quantité.

Exemple :

1. Orgueilleux et égoïste, Jean Lévesque se distingue de ses amis par son comportement, son langage, sa tenue. Orphelin, c'est un individualiste dévoré d'ambition.

2. Jean Lévesque est un homme de ruptures. Il quitte sa famille ; il rompt avec Florentine ; il quitte Saint-Henri ; il change de métier. Voyages : il habite un quartier de départs (trains et bateaux) ; il se sent en transit dans son appartement. Il est curieux et avide d'expériences.

3. Jean Lévesque est plus aventureux qu'il n'est un aventurier, dans le sens où il veut vivre de nouvelles expériences, où il est prêt à prendre des risques (mais dans les limites de son ambition). Sentiment de pitié et scrupules, rapports pathétiques avec Florentine, relations malaisées avec ses amis : incompatibles avec l'esprit aventurier (intrigant). L'aventure ne signifie pas pour lui voyager, découvrir l'inconnu ou rencontrer des gens. Son aventure reste très personnelle : c'est celle qui va le mener à gravir les échelons de l'ascension sociale.

Mémo

Quatre étapes permettent de passer assez aisément du brouillon au plan :

- analyser les mots clés du brouillon au plan ;
- distinguer les idées (abstraites) des exemples (concrets) ;
- distinguer les idées principales (elles répondent à la question « pourquoi ? » de la ligne directrice) des idées secondaires (elles répondent à la question « comment ? en quoi ? de quelle manière ? » de l'idée principale) ;
- regrouper les éléments du brouillon par ordre d'idées ; deux ou trois ensembles qui correspondront aux deux ou trois parties du plan.

RAPPEL Un plan réussi est le fruit d'une sérieuse recherche d'idées et s'articule autour d'une ligne directrice.

Un plan ordonne les idées et les exemples de telle façon que le raisonnement apparaît dans toute sa logique, sa cohérence et sa progression.

Synonymes de **plan** : structure, organisation.

Logique : Une réflexion logique se reconnaît aux liens de cause et de conséquence qu'entretiennent entre eux chacun des éléments d'une dissertation.

Cohérence : Un plan cohérent est un plan dont tous les éléments adhèrent aussi bien au thème, à la problématique, à l'objet qu'à la consigne du sujet.

Progression : Un bon travail suscite l'intérêt et l'entretient grâce à un plan progressif. En général, cela signifie placer les parties par ordre croissant d'importance (du moins important au plus important) ou d'abstraction (du plus évident au plus abstrait).

La structure du plan

Un plan obéit toujours à la même structure en trois sections.

L'introduction◆ : Elle permet de savoir de quoi on va parler et de comment on va en parler. Elle indique en quelque sorte l'itinéraire que va suivre la réflexion.

Le développement : Il donne toute liberté au raisonnement de se déployer. Il affirme plusieurs idées, toutes directement liées au sujet, puis il les approfondit et les nuance. Il se divise en parties schématiquement constituées d'une idée principale, de deux idées secondaires et d'un exemple pour chaque idée secondaire.

La conclusion◆ : Elle sert à la fois à synthétiser tout ce qui a été dit et à proposer une autre direction de pensée.

Les types de plan

Il existe plusieurs schémas de plan qui peuvent s'adapter à certains types de sujets. Les modèles les plus souvent enseignés sont :

Le plan dialectique

Le genre de sujet qui peut exiger un plan dialectique est le plus souvent composé d'une affirmation générale suivie d'une question portant sur un texte ou un auteur particulier. Dans ce cas, le plan dialectique permet de montrer, en trois parties, si l'affirmation peut ou ne peut pas s'appliquer au texte ou à l'auteur mentionnés.

La thèse : Il s'agit, d'abord, de relever dans le texte à étudier les éléments qui vont dans le **sens** de l'énoncé.

L'antithèse : Ensuite, toujours dans le même texte, il faut repérer les éléments qui vont dans le **sens contraire** de l'énoncé.

La synthèse : Enfin, à partir des idées défendues dans les deux premières parties, il reste à proposer une position personnelle et à la défendre.

Exemple :

Sujet : L'utilisation d'un narrateur enfantin permet de faire une critique efficace de la société. Discutez ce point de vue.

Thèse : Oui, le narrateur enfantin permet de critiquer la société.

Antithèse : Non, le narrateur enfantin ne permet pas de critiquer la société.

Synthèse : En fait, le narrateur ne permet pas tant de critiquer la société que d'en révéler des aspects inattendus, parfois absurdes, parfois poignants.

Le plan analogique

Le sujet qui peut inciter à utiliser un plan analogique pose sans ambiguïté une question qui invite à établir une **comparaison** entre deux éléments (textes, auteurs, courants, personnages, situations, etc.). Dans ce cas, le plan analogique permet, en trois parties, de mettre immédiatement en relief les ressemblances et les différences des éléments comparés.

La ressemblance : La première partie recense les similarités visibles, évidentes, tangibles entre les objets comparés.

La différence : La deuxième partie s'attache à en souligner les divergences.

L'analogie : Une troisième partie cherche à dégager une constante, un lien unificateur qui, au-delà des apparences, dans le domaine des idées, lie les deux objets de la réflexion.

Exemple :

Sujet : Angéline de Montbrun du roman du même nom de Laure Conan (1884) et Angélina Desmarais du *Survenant* de Germaine Guèvremont (1945) sont des personnages semblables. Critiquez cette affirmation.

Ressemblance : Bien qu'elles se ressemblent par leur infirmité et la relation qu'elles entretiennent avec leur père,

Différence : elles diffèrent par leur caractère et leur attitude devant la vie.

Analogie : Au-delà de leurs particularités, ces personnages féminins sont placés sous le signe du sacrifice.

Le plan syllogistique

Il se plie aux exigences d'un sujet dont la première partie énonce une théorie ou un principe qui doit s'appliquer à un ou plusieurs textes. Dans ce cas, le plan syllogistique permet, en trois parties, de voir **comment** une affirmation s'applique à un cas particulier.

Principe (ou majeure) : Premièrement, il faut définir le principe énoncé en présentant ses principales caractéristiques.

Cas particulier (ou mineure) : Deuxièmement, il s'agit de trouver dans les textes les points qui ont trait à l'affirmation évoquée dans le sujet.

Rapport (ou conclusion) : Troisièmement, à partir des deux premières parties, il devient possible d'évaluer à quel point les textes à l'étude correspondent à la théorie émise dans le sujet.

Exemple :
Sujet : *Poussière sur la ville* de André Langevin (1953) est imprégné de la pensée existentialiste. Critiquez cette affirmation.
Principe : Présenter les caractéristiques de l'existentialisme.
Cas particulier : Relever les éléments de *Poussière sur la ville* qui se rattachent à la pensée existentialiste.
Rapport : Trouver les points sur lesquels le roman de Langevin diffère de l'existentialisme.

Ces trois types de plan, parfois clairement suggérés par le sujet, ne peuvent pas être adoptés sans une réflexion préalable. Choisir un plan **avant** de connaître son contenu, c'est s'exposer à des risques inutiles. En effet, un plan choisi en dehors de toute réflexion aboutit à un travail sans raisonnement, qui tâtonne et s'égare. Le résultat n'est qu'une suite presque incohérente de remarques disparates.

En fait, le plan qui est assuré de provoquer le plus d'intérêt reste celui qui naît d'un raisonnement personnel, original.

Exemple :
I. Jean Lévesque est différent de ceux qui l'entourent.
   A. Individualiste par son comportement, son langage et sa tenue vestimentaire.
   B. Dévoré par l'ambition, il est orgueilleux, égoïste et donc souvent incompris.
II. Homme de ruptures et de départs
   A. Jean Lévesque est un être en transit.
   B. Il rompt sans cesse avec les êtres et les choses : sa famille, ses amis, son quartier.

III. L'aventurier de l'âme
   A. Curieux, il est avide d'expériences humaines.
   B. Mépris et pitié pour ceux qui l'entourent.
   C. Égoïsme de la survie.

Pour évaluer la logique et la cohérence d'un plan (ligne directrice, idées principales et idées secondaires), il faudrait être en mesure de pouvoir le « lire » en une longue phrase ou un court texte qui se tient, en partant du sujet reformulé.

Exemple :

Jean Lévesque, parce qu'il veut sortir du milieu qui l'étouffe, est-il un aventurier ? (sujet reformulé)

Oui, Jean Lévesque est un aventurier essentiellement parce que c'est un être solitaire. (ligne directrice)

C'est un être solitaire parce qu'il est différent des autres (première idée principale). Il se distingue d'eux par son individualisme (première idée secondaire) et par son ambition (deuxième idée secondaire).

C'est aussi un aventurier solitaire parce qu'il est toujours en mouvement (deuxième idée principale). Être en transit (deuxième idée secondaire), il est en rupture avec les êtres et les choses (deuxième idée secondaire).

Solitaire, Jean Lévesque est d'abord l'aventurier de sa propre vie (troisième idée principale). Avide d'expériences humaines (première idée secondaire), il n'éprouve pourtant qu'un mélange de pitié et de mépris pour ceux qui l'entourent (deuxième idée secondaire). Ce n'est que débarrassé de ses scrupules qu'il peut enfin vraiment partir à l'aventure de sa réussite.

Mémo

- Le plan organise et soutient la réflexion.
- Toujours divisé en introduction, développement et conclusion, il peut parfois s'adapter à certains modèles d'argumentation tels le plan dialectique, le plan analogique et le plan syllogistique.

RAPPEL La rédaction du développement ne prend tout son sens que si elle a été précédée d'un réel travail de réflexion exprimé sous forme de plan.

Le développement

Le développement ou corps du texte comprend en général deux ou trois parties qui correspondent chacune à une idée principale. Une partie obéit presque toujours au même schéma, soit : idée principale, idée secondaire, exemple, idée secondaire, exemple, transition◆. Suivant le degré de complexité de ce que l'étudiant a à dire, il peut ajouter des idées secondaires, des exemples et des transitions, mais en suivant toujours la même hiérarchie dans l'ordonnance des éléments.

L'idée principale

Placée en tête de la partie, elle constitue un petit paragraphe de deux à trois lignes. En répondant à la question « pourquoi ? » de la ligne directrice, elle propose une hypothèse de réponse qui sera développée dans les idées secondaires. Elle doit demeurer suffisamment générale pour laisser de la place à une explication, mais être assez précise pour ne pas tomber dans les lieux communs. Il est toujours possible d'y glisser un détail supplémentaire sur l'auteur, l'œuvre, la thèse, le personnage.

Exemple :

Ligne directrice : Jean Lévesque est un être solitaire.

Idée principale : Pourquoi est-il un être solitaire ? Parce que c'est un homme de départs et de ruptures.

Idée principale rédigée : *Bonheur d'occasion* saisit l'ingénieur (détail supplémentaire) à un moment charnière de sa vie : il n'est plus seulement un étudiant, mais il ne pratique pas encore son métier. Sa vie est alors en plein mouvement.

L'idée secondaire

Rédigée sous forme de paragraphe à la suite de l'énoncé de l'idée principale, elle l'explicite en répondant à la question « comment ? de quelle manière ? ». Comme elle explique l'idée principale, elle doit être suffisamment détaillée pour être complète en elle-même et donner le sentiment que tout a été dit. En fait, l'idée secondaire, en présentant des arguments, offre l'occasion d'aller jusqu'au bout de sa pensée, au fond des choses.

Exemple :

Idée principale : Jean Lévesque est toujours en mouvement.

Idée secondaire : Comment peut-on dire qu'il est en mouvement ? C'est un homme en transit, il ne fait que passer dans le quartier (situation de la maison et désordre de l'appartement).

Idée secondaire rédigée : Être de passage dans le roman, puisqu'il disparaît au chapitre XVII, Jean Lévesque traverse aussi Saint-Henri. Le quartier n'est qu'une étape de son parcours. Il a loué une chambre dans une maison coincée entre le canal Lachine et la voie ferrée. Au chaos extérieur des bateaux, des trains et des voitures, correspond le désordre de son appartement, désordre volontaire qu'il entretient pour se rappeler qu'il n'est là que de façon provisoire.

L'exemple

Le propre d'un exemple est d'être court et expressif. Il valide une affirmation en l'illustrant. Il sert aussi bien à convaincre qu'à concrétiser une idée, par essence abstraite. Placé à la fin d'une idée secondaire, il est introduit par un connecteur logique◆ ou il s'imbrique tout naturellement dans une phrase.

Exemple :

Idée secondaire : Jean Lévesque est de passage dans le quartier Saint-Henri.

Exemple rédigé (citation) : En effet, « pour lui, un séjour à Saint-Henri [...] n'était qu'une période de préparation, d'attente. » (p. 36)

Les transitions

Liées par le sens, sans connecteurs logiques, il ne faut pas sous-estimer la force des phrases juxtaposées.

Lors de la rédaction du développement, les transitions jouent un double rôle : ou bien elles font le lien entre les différentes parties ou bien elles aident à articuler les différents éléments du raisonnement entre eux. Dans le premier cas, on parle plutôt de charnières ; ce sont des phrases de transition : tout en récapitulant ce qui a été plus ou moins dit, elles annoncent ce qui va suivre. Dans le deuxième cas, il s'agit en général de ce qu'on appelle des connecteurs logiques, c'est-à-dire de simples mots qui, placés au début d'une

Synonymes de **connecteurs logiques :** marqueurs de relation, mots de liaison, transitions.

phrase, en relient le sens à la phrase qui précède selon un rapport logique. De toutes les manières et quel que soit le nom qu'on leur donne, les transitions servent à présenter la réflexion de façon cohérente et harmonieuse.

Les charnières

Elles se retrouvent, en général, entre les parties et entre les idées secondaires. Elles sont utiles au début de la deuxième et troisième partie dans la mesure où elles articulent les idées principales entres elles en fonction de la ligne directrice ; à la fin de chaque partie, par contre, elles servent à récapituler l'argumentation des idées secondaires et à introduire ou bien la partie suivante ou bien un commentaire particulier. Elles sont utilisées entre les idées secondaires pour mieux marquer la progression du raisonnement.

Pour rédiger ces charnières, on peut juxtaposer deux phrases, c'est-à-dire faire suivre deux phrases telles quelles, et la liaison entre elles se fait uniquement par le sens, ou on peut avoir recours à des connecteurs logiques. Dans ce dernier cas, les conjonctions « en deux temps » facilitent le travail.

Exemple :

1. Charnière entre la deuxième et la troisième partie avec locution :

En fait, *tant par* sa disposition naturelle *que par* les circonstances de sa vie (récapitulation des parties 1 et 2), Jean Lévesque reste avant tout l'aventurier de sa propre vie (annonce de la partie 3).

2. Charnière entre les deux idées secondaires de la première partie sans connecteur logique :

Ses vêtements, son parler (récapitulation de la première idée secondaire) s'avèrent les indices d'un individualisme farouche (annonce de la deuxième idée secondaire).

Les connecteurs logiques

Les connecteurs logiques apparaissent tout au long de la dissertation, de l'introduction à la conclusion. Ils donnent au texte une certaine fluidité tout en maintenant la rigueur de propos. Il existe une multitude de connecteurs logiques qui, dans le cadre d'une dissertation, servent essentiellement à trois choses : soutenir une affirmation, la nuancer ou la contredire et introduire un exemple. Pour ce faire, il n'est pas utile de les connaître tous, une douzaine suffit, mais il est essentiel d'apprendre à les utiliser convenablement.

Exemples :

1. Pour soutenir une affirmation :

Tantôt il méprise ceux qui l'entourent, tantôt il les prend en pitié. *D'ailleurs*, il ne sait pas s'il poursuit sa relation avec Florentine par mépris ou par pitié.

2. Pour nuancer une affirmation :

Toutefois, sa curiosité au lieu de s'exercer en toute liberté est soumise au mépris et à la pitié.

3. Pour introduire un exemple :

En couchant avec Florentine, Jean Lévesque se débarrasse de ses scrupules. En effet, « son ancienne et stérile pitié enfin ne lui pesait plus [...] » (p. 222).

LES TRANSITIONS	
Charnières	
Autant… autant	Non seulement… mais aussi
D'un côté… de l'autre	Si… aussi
D'une part… d'autre part	Tant par… que par

Connecteurs logiques

Soutenir ou appuyer une affirmation	Nuancer ou contredire une affirmation		Introduire un exemple
Aussi	Au contraire	Or	Ainsi
D'ailleurs	Bien que	Pourtant	En effet
D'autant plus que	Cependant	Toutefois	Par exemple
De plus	Malgré		
Donc	Néanmoins		

Récapitulation générale

Elle n'est vraiment pas indispensable, mais, placée au terme de la dernière partie, juste avant la conclusion, elle permet de dire directement ce qu'on a à dire au cas où on ne serait pas sûr d'avoir été assez clair dans l'introduction ou dans l'articulation du développement. C'est un peu la phrase de la dernière chance.

Exemple :

De l'aventurier, Jean Lévesque a le tempérament solitaire, un certain goût pour l'inconnu et une immense curiosité qu'il n'applique pas aux voyages ou à l'exploration, mais à une aventure beaucoup plus personnelle : celle de son ascension sociale.

Le style

Le style est affaire de personnalité avant tout ; chacun a le sien. Cependant, comme le texte final doit être lu et compris pour être corrigé, il est d'autant plus important qu'il soit clair. Pour ce faire, quelques règles simples mais efficaces suffisent.

Les termes flous

Certains mots viennent plus facilement que d'autres sous la plume parce qu'ils sont à la fois si communs et si vagues qu'ils ne font, apparemment, courir aucun risque à celui qui les emploie. Erreur : plus un terme est général, plus il donne le sentiment au lecteur que celui qui a rédigé la dissertation ne sait pas vraiment de quoi il parle.

À éviter, donc, des mots comme **chose, gens**...

Les répétitions

Des mots ou expressions reviennent plusieurs fois dans le travail? Dans ce cas, le dictionnaire reste essentiel : par le jeu des synonymes ou des associations d'idées (fournies tant par les définitions et les exemples que par les antonymes), il offre toujours plusieurs solutions à l'étudiant à court de mots. En plus de conférer au texte toute la précision nécessaire, il donne aussi l'illusion de la variété et de la richesse du vocabulaire.

Les « petits mots »

Une dissertation ne peut être négligée dans son expression puisqu'elle doit traduire, en principe, une réflexion solide et personnelle. Or, souvent les idées les plus fortes sont desservies par des tournures de phrase paresseuses.

L'étudiant peut facilement les éviter en renonçant à utiliser : **il y a, c'est** et **on**.

ASTUCE

Pour un résultat optimal, on se préoccupera du style seulement lorsque toute la dissertation est écrite de façon à ne pas entraver le rythme de la rédaction et rompre le fil des idées.

Du *je* au *nous* au *il*

Bien qu'il n'existe pas de règle établie sur l'utilisation des pronoms dans une dissertation, une brève mise au point empêchera certaines confusions.

Une dissertation réussie doit parvenir à convaincre le lecteur d'un point de vue particulier sur un sujet donné sans que la présence de l'auteur se fasse sentir. Si ce dernier écrit *je* à chaque phrase, il donne l'impression de traiter son sujet de façon émotive ; au lieu d'argumenter une prise de position, il semble exprimer un simple parti pris. En fait, le *je* relève davantage du texte d'opinion ou du texte argumentatif.

Le *nous* apparaît souvent dans les dissertations. Si, d'un côté, il confère aux idées avancées le poids de l'autorité (laquelle ? cela reste à savoir), il peut, de l'autre, alourdir le texte quand il est trop souvent employé.

En fait, sans forcément avoir à renoncer au *je* ou au *nous*, il conviendrait de répandre l'utilisation du pronom *il*. D'une part, cela permet de conserver aux arguments l'apparence de l'objectivité (ce n'est pas l'étudiant qui écrit, mais sa raison qui « raisonne ») ; d'autre part, comme le *il* s'accomode d'une foule de formulations, il oblige l'étudiant à faire preuve d'imagination.

Par exemple : **il s'agit de, il est possible de, il est à noter que, il est vrai que, il convient de, il s'avère que**…

Il est préférable de rédiger l'introduction **après** la conclusion. En effet, ce n'est qu'une fois que le développement est rédigé et que le raisonnement qui a été suivi est synthétisé dans la conclusion que l'introduction peut vraiment remplir son rôle.

En plus de situer le sujet, de le reformuler et d'annoncer le plan, l'introduction permet à l'étudiant de savoir où il s'en va.

Attention !

Commencer une dissertation en commençant par rédiger l'introduction est dangereux : on risque d'y passer trop de temps, de la faire trop longue et de ne pas pouvoir s'en tenir au plan annoncé.

Structure

L'introduction comporte, en principe, quatre éléments : le sujet amené, le sujet posé, la ligne directrice et le sujet divisé. Plusieurs introductions sont possibles pour un sujet donné.

À ce stade-ci de la dissertation, tous les éléments de l'introduction, ou presque, sont réunis. En effet, en sachant qu'il faut amener le sujet, le poser, si possible indiquer la ligne directrice et annoncer le plan, le plus simple est de procéder par élimination, c'est-à-dire de noter ce qui a déjà été plus ou moins formulé pendant l'élaboration du travail.

Ainsi, en reprenant l'exemple suivi jusqu'à présent, on obtient :

Sujet amené : rien

Sujet posé : Est-ce parce qu'il veut absolument sortir de son milieu que Jean Lévesque est un aventurier ?

Ligne directrice : Jean Lévesque est un aventurier essentiellement parce que c'est un être solitaire.

Sujet divisé : I. Il est différent des autres.
II. Il est toujours en mouvement.
III. Il part à la conquête de sa vie.

Ainsi, alors que l'introduction n'existe pas, elle est déjà aux trois quarts composée.

ASTUCE
Pour écrire une introduction qui a le plus de chance de correspondre à la façon dont le sujet est traité : laisser une dizaine de lignes au début du travail propre et l'écrire seulement lorsque le développement et la conclusion auront été composés et rédigés.

Le sujet amené

Il est toujours tentant d'amener un sujet en restant vague, mais c'est la meilleure façon ou bien de perdre l'intérêt du lecteur dès les premiers mots ou encore de lui mettre le nez, dès le départ, sur les défauts possibles du travail. Pour éviter cela, plusieurs options sont possibles :

1. Présenter le sujet en prenant les éléments présents dans l'énoncé et en les développant brièvement. C'est là que les notes prises sur les auteurs et leurs œuvres se révéleront très utiles.

Exemple :

En 1945, paraissent deux romans qui marquent chacun la fin et le début d'une époque : *Le Survenant* de Germaine Guèvremont et *Bonheur d'occasion* de Gabrielle Roy. L'un, considéré comme le dernier roman de la terre et l'autre, comme le premier roman de la ville, mettent en scène un personnage déraciné, étranger au milieu dans lequel il évolue.

2. Prendre le ou les thèmes proposés en les inscrivant dans le contexte du sujet.

Exemple:
Explorateurs, coureurs des bois, pionniers, colons, ces personnages hantent les pages de la littérature québécoise. Placés sous le signe de l'aventure, ils évoquent à la fois le mystère et l'inconnu.

3. Il est aussi possible de remonter à la source du sujet.

Exemple:
Entre 1939 et 1945, alors que la planète est secouée par la Seconde Guerre mondiale, le quartier de Saint-Henri à Montréal n'échappe pas aux soubresauts du conflit: les effets de la crise économique des années 30 disparaissent et la ville connaît alors un nouvel essor industriel. Pour un homme comme Jean Lévesque, personnage de *Bonheur d'occasion* de Gabrielle Roy (1945), la vie paraît pleine de promesses.

4. Essayer, au besoin, d'aborder le sujet en prenant son contre-pied.

Exemple:
Florentine Lacasse, l'héroïne de *Bonheur d'occasion* de Gabrielle Roy (1945), ne rêve que de sécurité et de confort. L'homme qu'elle aime, Jean Lévesque, n'aspire qu'à sortir de la misère du quartier de Saint-Henri où il a grandi.

Le sujet posé

Il reprend la question sur laquelle toute la réflexion a porté, c'est-à-dire sur le sujet tel qu'il est énoncé ou tel qu'il a été reformulé.

Exemple:
Parce qu'il décide « de sortir complètement du milieu qui l'étouffe », pour reprendre les mots de Germaine Guèvremont dans *Le Survenant*, peut-on dire que Jean Lévesque est un aventurier?

Une introduction est réussie lorsqu'à la relecture aucune question ne vient à l'esprit et surtout quand on se comprend soi-même.

La ligne directrice

Parce qu'elle respecte la pensée de celui qui l'a conçue, parce qu'elle a été utilisée tout au long de l'élaboration et de la rédaction de la dissertation, elle doit se reprendre presque telle quelle.

Exemple :

Jean Lévesque est un être solitaire.

Le sujet divisé

Comme cette partie de l'introduction ne reprend que les idées principales, le plus simple est de les rechercher dans la conclusion ou dans la dissertation rédigée et de les reprendre en une phrase.

Exemple :

Différent de ceux qui l'entourent, par tempérament puis par goût, Jean Lévesque se révèle un aventurier de l'âme.

Pour une dissertation de 900 mots, il faut compter une introduction de 150 mots au plus.

Introduction rédigée :

1. En 1945, paraissent deux romans qui marquent chacun la fin et le début d'une époque : *Le Survenant* de Germaine Guèvremont et *Bonheur d'occasion* de Gabrielle Roy. L'un, considéré comme le dernier roman de la terre et l'autre, comme le premier roman de la ville, mettent en scène un personnage déraciné, étranger au milieu dans lequel il évolue. Germaine Guèvremont écrit au sujet du Survenant : « Celui qui cherche à sortir du milieu qui l'étouffe est toujours un aventurier. » Cette affirmation peut-elle s'appliquer à Jean Lévesque de *Bonheur d'occasion ?* Être profondément solitaire, Jean Lévesque est l'aventurier de sa propre vie. Différent de ceux qui l'entourent, marqué par les ruptures et les départs, il est avant tout un aventurier de l'âme.

Une conclusion se compose et s'écrit immédiatement après le développement, alors que le raisonnement est encore présent à la mémoire.

Structure

Une conclusion est formée de trois parties : le rappel, la synthèse et l'élargissement.

Le rappel

La première phrase de la conclusion évoque le sujet en rappelant la prise de position et la ligne directrice.

Exemple :

Être solitaire, Jean Lévesque, le séducteur de Florentine Lacasse, est bien un aventurier.

La synthèse

La synthèse fait le point sur le travail entrepris : elle reprend toutes les articulations essentielles de l'argumentation (idées principales **et** secondaires).

Synonymes de **synthèse** : bilan, récapitulation.

Cette première partie de la conclusion permet en quatre phrases, au plus, de reprendre le raisonnement dans ses grandes lignes.

Exemple :

Différent de ses amis, il se distingue d'eux aussi bien par son individualisme que par l'ambition qui le dévore. Homme en transit, il n'hésite pas à se couper de son passé. Cependant, sa curiosité alliée à un sentiment de mépris et de pitié qu'il surmonte en renonçant à une partie de lui-même, plus qu'un nomade, en fait un aventurier de l'intérieur.

L'élargissement

Synonyme d'**élargissement** : ouverture.

La deuxième partie de la conclusion est essentielle. Autant la première montre qu'on sait de quoi on parle, autant la deuxième prouve que l'étudiant qui a réfléchi sur un sujet est capable de le dépasser, en allant plus loin ou ailleurs dans sa réflexion.

Parce qu'il ne semble, apparemment, avoir aucun lien avec la synthèse, l'élargissement est souvent écrit trop rapidement ou tout simplement négligé. Or, sans l'élargissement, la dissertation tourne à vide : les idées semblent se répéter et ne mener nulle part.

Il existe au moins cinq façons de trouver un élargissement qui reste cohérent avec le sujet :

1. Pousser la conséquence de la ligne directrice jusqu'à son impossible extrême, ce qui force alors à nuancer le propos tenu.

Exemple :

Pour concrétiser son ambition, Jean Lévesque a tourné le dos à son passé, abandonné ses amis et renoncé à une partie de lui-même : l'être solitaire qu'il était est devenu un homme seul.

2. Inclure le thème traité dans un ensemble beaucoup plus vaste. C'est une façon de prouver qu'on peut avoir une vision globale des choses.

Exemple :

En quittant tout ce qu'il a connu, Jean Lévesque ne part pas seulement à l'aventure de sa propre vie, il concrétise un vieux rêve de l'homme : il répond à l'appel de la liberté ; il devient maître de son destin.

3. Envisager les conséquences, l'impact du sujet.

Exemple :

Le Survenant de Germaine Guèvremont est un voyageur, dans la tradition des coureurs des bois et des pionniers, un nomade qui vit en marge de la société. Jean Lévesque, lui, inaugure un nouveau type d'aventurier qu'on peut retrouver, par exemple, dans *Au pied de la Pente Douce* de Roger Lemelin : sédentaire, urbain, il cherche à s'intégrer aussi parfaitement que possible dans la société.

4. Prendre le contre-pied de tout ce qui a été dit (envisager la position contraire).

Exemple :

Le propre de l'aventure est d'avancer vers l'inconnu. Or, Jean Lévesque sait exactement où il s'en va et comment il veut y arriver. Finalement, il n'est peut-être pas si différent de Florentine et de ses rêves de sécurité matérielle.

5. Poser une question.

Exemple :

Alors que l'avenir de la plupart des personnages de *Bonheur d'occasion* demeure incertain (Florentine se marie et est enceinte, Rose-Anna se retrouve seule, Azarius, Eugène et Emmanuel partent à la guerre), Jean Lévesque, lui, sait où il va et comment il y parviendra. Or, n'est-ce pas la certitude d'un destin tracé d'avance qu'il cherchait à fuir en quittant Saint-Henri ?

Le secret d'une conclusion harmonieuse : les connecteurs logiques.

Pour une dissertation de 900 mots, il faut compter une conclusion de 150 mots au plus.

Conclusion rédigée :

Être solitaire, Jean Lévesque, le séducteur de Florentine Lacasse, est bien un aventurier. Différent de ses amis, il se distingue d'eux aussi bien par son individualisme que par l'ambition qui le dévore. Homme en transit, il n'hésite pas à se couper de son passé. Cependant, sa curiosité alliée à un sentiment de mépris et de pitié qu'il surmonte en renonçant à une partie de lui-même, plus qu'un nomade, en fait un aventurier de l'intérieur. Or, le propre de l'aventure est d'avancer vers l'inconnu. Jean Lévesque, cependant, sait exactement où il s'en va et comment il veut y arriver. Finalement, il n'est peut-être pas si différent de Florentine et de ses rêves de sécurité matérielle.

Attention !

La conclusion ne répète pas la dissertation : elle en marque l'aboutissement naturel.

Mémo

- La conclusion donne à la dissertation un nouvel élan vers une direction inédite. Elle synthétise l'argumentation tout en ouvrant de nouvelles perspectives sur le sujet étudié.

La révision

RAPPEL La révision est une étape essentielle de la dissertation : elle donne la chance de s'assurer que le travail correspond à ce que l'étudiant a voulu dire et aux critères de correction.

La plupart des professeurs corrigent les travaux selon la grille d'évaluation employée par les correcteurs de l'*Épreuve uniforme de français*. C'est une manière de préparer les étudiants à l'examen en leur donnant des renseignements précis sur le genre de fautes qu'ils commettent.

La nouvelle grille d'évaluation (1997) compte trois critères divisés en huit sous-critères. Pour s'assurer que le travail répond aux exigences de la correction, une révision systématique, sous forme de questions, est nécessaire.

ASTUCE
La meilleure façon de réviser un texte est de le relire à haute voix : les erreurs sautent littéralement… à la gorge ! En classe, évidemment, on se relira en silence.

Compréhension et qualité de l'argumentation (le contenu du texte)

Sous-critère 1. Le respect du sujet de rédaction

L'élève traite de façon explicite tous les éléments de l'énoncé du sujet de rédaction.

• Est-ce que les quatre éléments du sujet (l'objet, le thème, la problématique, la consigne) ont bien été analysés ?
• Est-ce que la ligne directrice s'inscrit bien dans le thème du sujet?
• Est-ce que la façon dont le sujet est reformulé montre bien qu'il y a un problème à résoudre ?
• Est-ce que le sens des mots clés de l'énoncé a bien été compris ?

Sous-critère 2. La qualité de l'argumentation

L'élève développe un point de vue à l'aide d'arguments cohérents et convaincants et à l'aide de preuves pertinentes puisées dans les textes proposés.

• Est-ce que toutes les idées sont liées au sujet et à la ligne directrice?
• Est-ce que les exemples sont tirés ou s'inspirent directement du texte étudié (si cela est exigé par la consigne)?
• Est-ce que l'argumentation s'inscrit bien dans le cadre de la consigne?

Sous-critère 3. La compréhension des textes et l'intégration des connaissances littéraires

L'élève fait preuve d'une compréhension juste des textes littéraires et de leur fonctionnement. De plus, il sait intégrer de façon

appropriée dans son texte des connaissances littéraires diverses.

• Est-ce que les textes (le sens des mots, le ou les thèmes du texte, ce que l'auteur a voulu dire) ont bien été compris ?
• Est-ce que les textes ont été correctement situés dans leur contexte historique et littéraire ?

Structure du texte de l'élève (l'organisation du texte)

Sous-critère 4. La structure de l'introduction et de la conclusion

L'élève rédige une introduction et une conclusion complètes et pertinentes.

• Est-ce que l'introduction compte bien ses quatre parties (sujet amené, sujet posé, ligne directrice, sujet divisé)?
• Est-ce que le sujet amené évite les généralités et se rattache au sujet?
• Est-ce que la conclusion compte bien ses trois parties (synthèse, rappel, élargissement) ?
• Est-ce que l'élargissement du sujet est lié, d'une façon ou d'une autre, au sujet de la dissertation ?
• Est-ce que l'introduction et la conclusion sont trop longues ?
• Est-ce que les connecteurs logiques sont assez nombreux et appropriés ?

Sous-critère 5. La structure du développement

L'élève construit un développement cohérent et des paragraphes organisés logiquement.

• Est-ce que la structure de chacune des parties du développement est semblable (idée principale, idée secondaire, exemple, idée secondaire, exemple, transition)?

- Est-ce que les idées principales répondent bien à la question « pourquoi ? » de la ligne directrice?
- Est-ce que les idées secondaires répondent bien à la question « comment ? de quelle manière ? » de l'idée principale?
- Est-ce que les connecteurs logiques entre les éléments de chaque partie sont adéquats ?
- Est-ce que les charnières◆ entre les parties (récapitulation et évocation) sont claires ?

Maîtrise de la langue

Sous-critère 6. La précision et la variété du vocabulaire

L'élève emploie des termes précis et variés.

- Est-ce que les mots passe-partout (« chose », « personne », « gens ») ont été évités ?
- Est-ce que les répétitions ont été éliminées en utilisant le plus souvent possible des synonymes ?
- Est-ce que le travail conserve au long du texte un même niveau de langue (courant ou soutenu)?

Sous-critère 7. La syntaxe et la ponctuation

L'élève construit des phrases correctes et place adéquatement les signes de ponctuation.

• Est-ce que les phrases sont trop longues et confuses ?
• Est-ce que les phrases sont complètes ?
• Est-ce que la ponctuation est correcte ?
• Est-ce que la concordance des temps du texte est respectée ?

Sous-critère 8. L'orthographe d'usage et l'orthographe grammaticale

L'élève observe l'orthographe d'usage et l'orthographe grammaticale.

• Est-ce que l'orthographe et le genre (masculin ou féminin) des mots ont été vérifiés ?
• Est-ce que les accords entre les sujets et les verbes, entre les articles, les noms et les adjectifs sont faits correctement ?
• Est-ce qu'une attention particulière a été prêtée aux homophones (« à/a », « ou/où », « c'est/ces/ses », « mais/mes », « ni/n'y », etc.) ?

LA RÉVISION

Problème	Solution
L'étudiant ne se comprend pas quand il se relit.	En général, ce problème est lié à la syntaxe. Pour une phrase trop longue et complexe, la diviser en deux ou trois phrases plus courtes.
Les exemples sont trop longs.	• Si c'est une citation : la couper en remplaçant les parties manquantes par des points de suspension entre crochets : [...]. • Si c'est une anecdote ou le résumé d'un épisode : l'abréger en ne retenant que ce qui est pertinent pour l'idée secondaire.
Le même exemple est répété deux fois dans le texte.	• Remplacer l'un des deux exemples ; • ou bien montrer que l'exemple peut avoir deux significations très différentes.
Les transitions entre les parties sont maladroites.	Ne pas hésiter à faire deux phrases : une pour rappeler ce qui vient d'être discuté ; l'autre pour évoquer ce qui va suivre.
Les mêmes connecteurs logiques reviennent tout le temps.	• En supprimer quelques-uns complètement (la transition se fait alors par juxtaposition) ; • ou bien remplacer par un synonyme (fourni par le dictionnaire).
Un mot revient souvent : il n'est pas facile de lui trouver un synonyme.	• Ne pas hésiter à utiliser des circonlocutions, c'est-à-dire plusieurs mots pour en dire un seul (la liberté = le droit de choisir) ; • ou encore utiliser un terme plus général (l'homme = l'humanité = le genre humain).

Présentation matérielle

Une dissertation nettement présentée produit une impression favorable parce qu'elle promet une lecture aisée et agréable. La qualité d'une présentation réside avant tout dans son **homogénéité :** une page titre claire mais suivie d'un texte rédigé d'un seul bloc et sans marge, un travail propre qui se termine sur une bibliographie montée n'importe comment, interrompent la lecture de façon irritante.
Quelques règles de présentation simples à suivre garantissent une présentation propre, soignée et surtout lisible.

La page titre

Centrée sur une feuille, elle doit fournir les renseignements suivants :

- le titre exact du travail ;
- le prénom et le NOM (en majuscules), avec en dessous le numéro d'étudiant ;
- le type de travail et le nom du professeur (précédé de Monsieur ou de Madame) ;
- le titre du cours et son code ;
- le nom de l'établissement d'enseignement ;
- la date (rédigée sous la forme ville + , + le + jour + mois + année).

Bonheur d'occasion
de Gabrielle Roy

par
Augustin Roch
2694813

Dissertation critique
présentée à
Madame Caroline Bertrand

Dans le cadre du cours
601-103-04

Collège de la Petite Vie
Montréal, le 29 février 2000

Le texte

La disposition du texte obéit à un principe simple: la clarté. Il est rédigé à double interligne et la marge de gauche est plus large que celle de droite; les sections et les parties se distinguent par les espaces qui les séparent.

- Entre les sections (introduction, développement et conclusion): 3 doubles interlignes.
- Entre les parties: 2 doubles interlignes.
- À l'intérieur d'une partie, entre l'idée principale et la première idée secondaire et entre les deux idées secondaires: passer à la ligne suivante.
- À chaque passage à la ligne: laisser un alinéa.

Les citations

La qualité première d'une citation est son expressivité. Pour qu'elle s'intègre naturellement dans le texte de la dissertation, l'étudiant doit tenir compte des éléments suivants:

- introduire une citation par un deux-points (:);
- ouvrir et fermer la citation par des guillemets à la française (« »);
- si la citation commence ou se termine au milieu d'une phrase, la commencer ou la terminer par des points de suspension entre crochets ([...]);
- au besoin, réduire une citation en indiquant les coupures entre crochets ([...]);

- si une citation doit être légèrement modifiée, inscrire les changements entre crochets ;
- quand il faut inclure des guillemets à l'intérieur même de la citation, mettre des guillemets à l'anglaise (“ ”) ;
- indiquer la ligne ou la page de référence entre parenthèses après la citation.

Exemple :

Comme le reconnaît Florentine : « “[...] avec ses grands mots pis toutes ses idées de fou, [Jean Lévesque] est pas non plus comme les autres gars de Saint-Henri.” » (p. 85)

Bibliographie

Toujours présentée sur une feuille séparée du reste du travail, la bibliographie indique toutes les références utilisées pour la rédaction de la dissertation.

Présentation

- Les références sont inscrites par ordre alphabétique d'auteur.
- Chaque référence est écrite à simple interligne.
- Entre chaque référence : laisser une double interligne.
- Chaque élément de la référence est séparé par une virgule et la référence se termine par un point.
- Si un même auteur a rédigé plusieurs ouvrages, au lieu de chaque fois réécrire son nom, simplement tirer un trait.

Disposition

Pour un livre :

NOM DE L'AUTEUR EN MAJUSCULES, prénom, Titre souligné, Ville, Maison d'édition, « Collection entre guillemets », Année d'édition, nombre de pages.

Exemples :

BLAIS, Jacques, « L'Unité organique de Bonheur d'occasion », dans Études françaises, Montréal, Volume VI, Numéro 1., février 1970, p. 25-50.

BROCHU, André, « Thèmes et structures de Bonheur d'occasion », dans Écrits du Canada français, Montréal, Numéro 22, 1966, p. 163-208.

Pour un article :

NOM DE L'AUTEUR EN MAJUSCULES, prénom, « Titre de l'article entre guillemets », dans Titre de la revue souligné, Volume X, Numéro Y, Ville, Année, nombre de pages.

Exemples :

RICARD, François, Gabrielle Roy, Montréal, Fides, collection « Écrivains canadiens d'aujourd'hui ». 1975, 191 pages.

______, Gabrielle Roy. Une vie, Montréal, Boréal, 1996, 646 pages.

ROY, Gabrielle, Bonheur d'occasion, Montréal, Boréal, collection « Boréal Compact », 1996, 416 pages.

LE TEMPS DE RÉDACTION DE LA DISSERTATION

Étapes	3 h 00	4 h 30
Choix du sujet	10 min	10 min
Analyse du sujet Recherche d'idées	30 min	45 min
Ligne directrice	5 min	5 min
Plan	entre 20 et 30 min	45 min
Rédaction du développement	entre 1 h 15 et 1 h 30 min	1 h 30 min
Introduction Composition et rédaction	15 min	15 min
Conclusion Composition et rédaction	15 min	15 min
Révision	15 min	15 min
Mise au propre	[25 min] (recopier seulement si nécessaire : alors rédiger plus vite et se corriger en recopiant)	30 min (recopier calmement en se relisant)
TOTAL	3 h 00	4 h 30

Sujet rédigé

Avertissement

Le texte qui suit respecte l'organisation générale propre à toute dissertation. Cependant, comme dans tout travail, une certaine part est laissée à la créativité. Ici, par exemple, la rédaction de l'énoncé des idées principales, l'annonce des idées secondaires, les charnières ou encore les rappels varient, dans leur structure, d'une partie à l'autre.

Pourquoi ? D'une part, pour montrer qu'à l'intérieur d'une structure plusieurs cas de figure sont envisageables ; d'autre part, pour prouver que l'important est d'avoir de la suite dans les idées, c'est-à-dire qu'un raisonnement solide peut survivre hors d'une hiérarchie rigide.

RAPPEL La valeur d'une dissertation réside dans le développement de quelques **idées fortes** nourries d'une réflexion **personnelle** menée jusqu'à son **terme.**

En 1945, paraissent *Le Survenant* de Germaine Guèvremont et *Bonheur d'occasion* de Gabrielle Roy. L'un, considéré comme le dernier roman de la terre et l'autre, comme le premier roman de la ville, mettent en scène un personnage déraciné, étranger au milieu dans lequel il évolue. Germaine Guèvremont écrit au sujet du Survenant: « Celui qui cherche à sortir du milieu qui l'étouffe est toujours un aventurier ». Cette affirmation peut-elle s'appliquer à Jean Lévesque de *Bonheur d'occasion* ? Être profondément solitaire, Jean est l'aventurier de sa propre vie. Différent de ceux qui l'entourent, marqué par les ruptures et les départs, il est avant tout un aventurier de l'âme.

Dès le début de *Bonheur d'occasion*, Jean Lévesque se distingue des autres aussi bien par son attitude que par son tempérament.

Il se démarque d'abord des hommes de Saint-Henri par une élégance qui évoque un style de vie qui leur est étranger: « Il sembla à Florentine que, si elle se penchait vers ce jeune homme, elle respirerait l'odeur même de la grande ville grisante, bien vêtue, bien nourrie, satisfaite [...] » (p.19). Il ne parle pas non plus comme les jeunes gens du

INTRODUCTION
Sujet amené

En 1945, paraissent *Le Survenant* de Germaine Guèvremont et *Bonheur d'occasion* de Gabrielle Roy. L'un, considéré comme le dernier roman de la terre et l'autre, comme le premier roman de la ville, mettent en scène un personnage déraciné, étranger au milieu dans lequel il évolue. Germaine Guèvremont écrit au sujet du Survenant : « Celui qui cherche à sortir du milieu qui l'étouffe est toujours un aventurier ». Cette affirmation peut-elle s'appliquer à Jean Lévesque de *Bonheur d'occasion* ? **Être profondément solitaire**, Jean est l'aventurier de sa propre vie. ① Différent de ceux qui l'entourent, marqué par les ② ruptures et les départs, il est avant tout un ③ aventurier de l'âme.

Sujet posé

ligne directrice

Sujet divisé
① ② ③
idées principales

DÉVELOPPEMENT
PREMIÈRE PARTIE
① idée principale
ⓐ ⓑ
idées secondaires

Dès le début de *Bonheur d'occasion*, Jean Lévesque ① se distingue des autres aussi bien par son ⓐ attitude que par son ⓑ tempérament.

Il se démarque d'abord des hommes de Saint-Henri par une élégance qui évoque un style de vie qui leur est étranger : « Il sembla à Florentine que, si elle se penchait vers ce jeune homme, elle respirerait l'odeur même de la grande ville grisante, bien vêtue, bien nourrie, satisfaite [...] » (p.19). Il ne parle pas non plus comme les jeunes gens du

Attitude = ⓐ
élégance
langage

quartier. Son niveau de langage, toujours neutre, contraste avec les phrases familières de Pitou ou d'Alphonse.

Ses vêtements, son parler s'avèrent les indices d'un individualisme farouche. Élevé en partie dans un orphelinat avant d'être adopté, Jean Lévesque a très vite compris que, pour survivre, il devait être différent : « Il se revoyait déchirant un jour l'étoffe grise [du tablier des orphelins] à pleines mains ; déjà en ce temps-là, il avait un besoin profond d'individualité. » (p. 209) Seul dans la vie, le jeune homme ne peut compter que sur lui-même. À cause de cela, il se replie sur les études et le travail et consacre toutes ses énergies à réussir. Il en retire une satisfaction orgueilleuse et égoïste. Contrairement à ses amis, qui suivent un chemin tout tracé d'avance, Jean Lévesque ne marche sur les traces de personne ; il avance dans l'inconnu.

Bonheur d'occasion saisit l'ingénieur à un moment charnière de sa vie : il n'est plus seulement un étudiant, mais il ne pratique pas encore son métier. Sa vie est alors en plein mouvement.

Être de passage dans le roman, puisqu'il disparaît au chapitre XVII, Jean Lévesque traverse aussi Saint-Henri. Le quartier n'est qu'une étape de son parcours. Il a loué une chambre dans une quartier. Son niveau de langage, toujours neutre, contraste avec les phrases familières de Pitou ou d'Alphonse.

⟨Ses vêtements, son parler⟩ s'avèrent les indices d'un individualisme farouche. Élevé en partie dans un orphelinat avant d'être adopté, Jean Lévesque a très vite compris que, pour survivre, il devait être différent : « Il se revoyait déchirant un jour l'étoffe grise [du tablier des orphelins] à pleines mains ; déjà en ce temps-là, il avait un besoin profond d'individualité. » (p. 209) Seul dans la vie, le jeune homme ne peut compter que sur lui-même. À cause de cela, il se replie sur les études et le travail et consacre toutes ses énergies à réussir. Il en retire une satisfaction orgueilleuse et égoïste. Contrairement à ses amis, qui suivent un chemin tout tracé d'avance, Jean Lévesque ne marche sur les traces de personne ; il avance dans l'inconnu.

Rappel
Tempérament = ⓑ
individualisme
ambition (réussir)

CHARNIÈRE
Reprend la 1re idée principale (la différence) et la rattache au thème de l'aventure = oui, Jean Lévesque est un aventurier ; il a le goût de l'inconnu.

Bonheur d'occasion saisit l'ingénieur à un moment charnière de sa vie : il n'est plus seulement un étudiant, mais il ne pratique pas encore son métier. Sa vie est alors en plein ② mouvement.

DEUXIÈME PARTIE

② idée principale

Être de ⟨passage⟩ dans le roman, puisqu'il disparaît au chapitre XVII, Jean Lévesque ⓐ traverse aussi Saint-Henri. Le quartier n'est qu'une étape de son parcours. Il a loué une chambre dans une

Rappel ②
Mouvement = ⓐ
quartier
appartement

maison coincée entre le canal Lachine et la voie ferrée. Au chaos extérieur des bateaux, des trains et des voitures, correspond le désordre de son appartement, désordre volontaire qu'il entretient pour se rappeler qu'il n'est là que de façon provisoire. En effet: « pour lui, un séjour à Saint-Henri [...] n'était qu'une période de préparation, d'attente ». (p. 36)

Toujours sur le départ, Jean Lévesque est un homme de ruptures. Sans famille, il a d'abord quitté l'orphelinat, puis ses parents adoptifs à quinze ans. Ensuite, il trouve un « chambre de hasard, un premier emploi comme puddleur; un autre emploi, une autre chambre... » (p. 211) Jean Lévesque ne connaît pas à chaque départ l'excitation de ceux qui se lancent à l'aventure. Toutes ces étapes sont simplement nécessaires au but qu'il s'est fixé: arriver dans la vie. Et le plus beau des voyages reste pour lui le spectacle de Westmount pour les « voyages infinis de l'âme qu'elle invite. » (p. 56)

En fait, tant par sa disposition naturelle que par les circonstances de sa vie, Jean Lévesque reste avant tout l'aventurier de sa propre vie.

Il partage avec les êtres aventureux une insatiable curiosité. Sentiment étonnant, spontané chez un homme maison coincée entre le canal Lachine et la voie ferrée. Au chaos extérieur des bateaux, des trains et des voitures, correspond le désordre de son appartement, désordre volontaire qu'il entretient pour se rappeler qu'il n'est là que de façon provisoire. En effet : « pour lui, un séjour à Saint-Henri [...] n'était qu'une période de préparation, d'attente ». (p. 36)

Rappel
Mouvement = ⓑ
famille
emploi

Toujours sur le départ, Jean Lévesque est un homme de ruptures. Sans famille, il a d'abord quitté l'orphelinat, puis ses parents adoptifs à quinze ans. Ensuite, il trouve un « chambre de hasard, un premier emploi comme puddleur ; un autre emploi, une autre chambre... » (p. 211) Jean Lévesque ne connaît pas à chaque départ l'excitation de ceux qui se lancent à l'aventure. Toutes ces étapes sont simplement nécessaires au but qu'il s'est fixé : arriver dans la vie. Et le plus beau des voyages reste pour lui le spectacle de Westmount pour les « voyages infinis de l'âme qu'elle invite. » (p. 56)

CHARNIÈRE
Reprend la 2e idée principale (départs) et la rattache au thème de l'aventure : Jean Lévesque se démarque de l'acceptation générale du terme « aventurier ».

TROISIÈME PARTIE
Rappels ① ② ③
idée principale

En fait, tant par sa disposition naturelle ① que par les circonstances de sa vie ②, Jean Lévesque reste avant tout l'aventurier de sa propre vie ③.

Il partage avec les êtres aventureux une insatiable curiosité ⓐ. Sentiment étonnant, spontané chez un homme aussi réfléchi que lui, mais « seul sentiment dont il [ne cherche peut-être pas] à se rendre maître, parce qu'il lui [paraît] indispensable à l'enrichissement personnel. » (p. 28) Sa curiosité l'incite aussi bien à étudier avec acharnement (il est curieux d'apprendre) qu'à nouer une relation avec Florentine. Curieux des êtres et des choses, Jean Lévesque semble observer sur eux les effets de la vie ; ils sont en quelque sorte le laboratoire de son expérience. Ainsi, tout ce que fait Florentine lui permet à la fois de savoir tout ce qu'il ne veut pas chez une femme et d'analyser ses propres réactions, de façon, peut-être, à ne pas les répéter.

Toutefois, sa curiosité, au lieu de s'exercer en toute liberté, est soumise chez lui à deux autres sentiments : le mépris et la pitié. Tantôt, il méprise ceux qui l'entourent, parce qu'ils incarnent la misère qui le révulse, tantôt il éprouve pour eux une pitié maladroite qui le paralyse : « il semblait vaguement que son besoin permanent de supériorité devait s'alimenter d'une forme de compassion à l'égard d'êtres humains qui étaient les plus éloignés de lui-même. » (p. 27) D'ailleurs, il ne sait pas s'il poursuit sa relation avec Florentine par mépris ou par pitié. Ce qu'il sait, aussi réfléchi que lui, mais « seul sentiment dont il [ne cherche peut-être pas] à se rendre maître, parce qu'il lui [paraît] indispensable à l'enrichissement personnel. » (p. 28) Sa curiosité l'incite aussi bien à étudier avec acharnement (il est curieux d'apprendre) qu'à nouer une relation avec Florentine. Curieux des êtres et des choses, Jean Lévesque semble observer sur eux les effets de la vie ; ils sont en quelque sorte le laboratoire de son expérience. Ainsi, tout ce que fait Florentine lui permet à la fois de savoir tout ce qu'il ne veut pas chez une femme et d'analyser ses propres réactions, de façon, peut-être, à ne pas les répéter.

Aventurier = ⓐ
curiosité

Toutefois, sa curiosité, au lieu de s'exercer en toute liberté, est soumise chez lui à deux autres sentiments : le ⓑ mépris et la pitié. Tantôt, il méprise ceux qui l'entourent, parce qu'ils incarnent la misère qui le révulse, tantôt il éprouve pour eux une pitié maladroite qui le paralyse : « il semblait vaguement que son besoin permanent de supériorité devait s'alimenter d'une forme de compassion à l'égard d'êtres humains qui étaient les plus éloignés de lui-même. » (p. 27) D'ailleurs, il ne sait pas s'il poursuit sa relation avec Florentine par mépris ou par pitié. Ce qu'il sait,

Aventurier = ⓑ
mépris
pitié

cependant, c'est que ses scrupules envers la jeune fille le freinent dans ses ambitions.

Or, paradoxalement, grâce à Florentine, Jean Lévesque, qui a déjà quitté aussi bien physiquement que psychologiquement sa famille, ses amis et son milieu, va, ultimement, rompre avec lui-même en se débarrassant de ses scrupules. En couchant avec la jeune fille, qui représente tout ce qui l'attire et lui répugne en même temps, c'est-à-dire la misère, il se révèle à lui-même : « Son ancienne et stérile pitié enfin ne lui pesait plus sans qu'il le sût encore. » (p. 222) Libéré, il change d'emploi et quitte Saint-Henri. La véritable aventure peut alors commencer.

De l'aventurier, Jean Lévesque a le tempérament solitaire, un certain goût pour l'inconnu et une immense curiosité qu'il n'applique pas aux voyages ou à l'exploration, mais à une aventure beaucoup plus personnelle et intérieure : celle de son ascension sociale.

Être solitaire, Jean Lévesque, le séducteur de Florentine Lacasse, est bien un aventurier. Différent de ses amis, il se distingue d'eux aussi bien par son attitude que par l'ambition qui le dévore. Homme en transit, il n'hésite cependant, c'est que ses scrupules envers la jeune fille le freinent dans ses ambitions.

Or, paradoxalement, grâce à Florentine, Jean Lévesque, qui a déjà (quitté aussi bien physiquement que psychologiquement sa famille, ses amis et son milieu) va, ultimement, rompre avec lui-même en se débarrassant de ses scrupules. En couchant avec la jeune fille, qui représente tout ce qui l'attire et lui répugne en même temps, c'est-à-dire la misère, il se révèle à lui-même : « Son ancienne et stérile pitié enfin ne lui pesait plus sans qu'il le sût encore. » (p. 222) Libéré, il change d'emploi et quitte Saint-Henri. La véritable aventure peut alors commencer.

Rappel ① et ②

Aventurier = © rupture avec lui-même

De l'aventurier, Jean Lévesque a le tempérament solitaire, un certain goût pour l'inconnu et une immense curiosité qu'il n'applique pas aux voyages ou à l'exploration, mais à une aventure beaucoup plus personnelle et intérieure : celle de son ascension sociale.

RÉCAPITULATION GÉNÉRALE

Être solitaire, Jean Lévesque, le séducteur de Florentine Lacasse, est bien un aventurier. Différent de ses amis, il se distingue d'eux aussi bien par son attitude que par l'ambition qui le dévore. Homme en transit, il n'hésite

CONCLUSION

Synthèse

Rappel de la **ligne directrice**

Rappel ① ⓐ ⓑ

Rappel ② ⓐ ⓑ

pas à se couper de son passé. Pourtant, sa curiosité alliée à un sentiment de mépris et de pitié, qu'il surmonte en renonçant à une partie de lui-même, plus qu'un nomade, en font un aventurier de l'intérieur. Or, le propre de l'aventure est d'avancer vers l'inconnu. Jean Lévesque, cependant, sait exactement où il s'en va et comment il veut y arriver. Finalement, il n'est peut-être pas si différent de Florentine et de ses rêves de sécurité matérielle.

pas à se couper de son passé. Pourtant, sa curiosité alliée à un sentiment de mépris et de pitié, qu'il surmonte en renonçant à une partie de lui-même, plus qu'un nomade, en font un aventurier de l'intérieur. Or, le propre de l'aventure est d'avancer vers l'inconnu. Jean Lévesque, cependant, sait exactement où il s'en va et comment il veut y arriver. Finalement, il n'est peut-être pas si différent de Florentine et de ses rêves de sécurité matérielle.

Rappel ③ ⓐ ⓑ

Élargissement

LÉGENDE

—— idée principale

.... idée secondaire

▭ mot clé

▒ connecteur logique

⟨ ⟩ rappel

Tableau comparatif des dissertations et de leurs consignes

Type	But	Termes	Définition*	Quoi faire	Synonymes
DISSERTATION EXPLICATIVE	Soutenir le point de vue présenté dans le sujet.	Analyser	Opération intellectuelle consistant à décomposer une œuvre, un texte en ses éléments essentiels, afin d'en saisir les rapports et de donner un schéma de l'ensemble.	Découvrir ce qui fait fonctionner le texte, les éléments qui permettent de vérifier la validité de l'énoncé.	Étudier, examiner.
		Décrire	Représenter dans son ensemble.	Présenter un relevé neutre d'aspects pertinents au sujet.	Détailler, exposer, représenter, retracer.
		Dégager	Isoler un élément, un aspect d'un ensemble.	Saisir les points importants.	Extraire, tirer.
		Démontrer	Établir la vérité de quelque chose d'une manière évidente et rigoureuse.	Prouver que l'énoncé est juste.	Établir, prouver.
		Étudier	Chercher à comprendre par un examen.	Rechercher tous les éléments qui peuvent éclairer l'énoncé.	Analyser.
		Expliquer	Faire connaître, comprendre nettement, en développant. Rendre clair, faire comprendre (ce qui est ou paraît obscur). Faire connaître la raison, la cause de quelque chose.	Éclaircir et détailler le propos.	Commenter, éclaircir, exposer, justifier, montrer, prouver.
		Illustrer	Rendre plus clair.	Expliquer à l'aide d'arguments concrets.	Éclairer.
		Justifier	Montrer quelque chose comme vrai, juste, réel, par des arguments, des preuves.	Trouver des arguments qui appuient l'énoncé.	Démontrer, prouver.

		Montrer	Faire constater, mettre en évidence.	Exposer les éléments qui valident l'énoncé.	Démontrer, établir, prouver, signaler, souligner.
DISSERTATION CRITIQUE	Critiquer le point de vue présenter dans le sujet.	Apprécier	Sentir, percevoir.	Évaluer la justesse de l'énoncé.	Discerner, saisir, sentir.
		Argumenter	Prouver par arguments. Raisonnement destiné à prouver ou à réfuter une proposition.	Soutenir ou contredire un énoncé à l'aide d'idées raisonnées.	Démontrer, prouver, raisonner.
		Comparer	Examiner les rapports de ressemblance et de différence.		Confronter, rapprocher.
		Considérer	Envisager par un examen attentif, critique.	Trouver les éléments qui permettent de confirmer ou d'infirmer l'énoncé.	Apprécier, étudier, examiner.
		Critiquer	Faire l'examen (des ouvrages d'art ou d'esprit) pour en faire ressortir les qualités ou les défauts.	Choisir un point de vue tranché.	Analyser, discuter, étudier, examiner, juger.
		Discuter	Examiner quelque chose par un débat en en étudiant le pour et le contre.	Remettre l'énoncé en question.	Critiquer, débattre.
		Examiner	Considérer avec attention, avec réflexion.		Analyser, apprécier, considérer, critiquer, débattre, discuter, étudier.
		Juger	Prendre nettement position sur une question. Soumettre au jugement de la raison, de la conscience, pour se faire une opinion.	Opter pour un point de vue basé sur des raisons intellectuelles.	Apprécier, considérer, examiner.
ESSAI	Délimiter le sujet.	Il n'existe pas de consignes propres à l'essai. Les sujets sont, en général, ouverts : la façon dont ils sont développés dépend de celui qui les traite.			

* Les définitions de ce tableau, comme toutes celles du livre qui sont tirées d'un dictionnaire, sont extraites du *Petit Robert 1*, édition de 1989.

Les dissertations selon le type de plan et leurs caractéristiques

Plan	Sujet	Ligne directrice	Introduction	Développement en 3 parties			Conclusion
Général	Déterminé par l'ensemble du sujet.	Dictée par l'analyse du sujet.	Oui.	1re idée principale	2e idée principale	3e idée principale	Oui.
Dialectique	Déterminé par l'énoncé et la question.	Dictée par la mise en relation des éléments du sujet.	Oui.	Thèse	Antithèse	Synthèse	Oui.
				Arguments à l'appui de l'énoncé.	Arguments à l'encontre de l'énoncé.	Position personnelle défendue à partir de la thèse et de l'antithèse.	
Analogique	Déterminé par la question.	Dictée par le thème de comparaison.	Oui.	Ressemblance	Différence	Analogie	Oui.
				Éléments semblables.	Aspects divergents.	Constante thématique entre les objets comparés.	
Syllogistique	Déterminé par l'énoncé.	Dictée par la théorie.	Oui.	Principe	Cas particulier	Rapport	Oui.
				Caractéristiques de la théorie formulée dans l'énoncé.	Application de la théorie au texte à étudier.	Évaluation de la correspondance du texte à étudier à la théorie.	

Argumentation. Raisonnement constitué d'un ensemble d'idées logiques et cohérentes entre elles destinées à prouver un point de vue.

Charnière. Une ou deux phrases qui font le lien entre deux parties ou deux sections d'une dissertation. La transition sert à récapituler ce qui a été dit et à annoncer ce qui va suivre.

Conclusion. Constituée de trois parties, la synthèse (reprise du raisonnement), le rappel (de la ligne directrice) et l'élargissement du sujet, la conclusion est brève. Elle s'écrit après le développement, quand le raisonnement est encore frais en mémoire, mais avant l'introduction.

Connecteur logique (ou marqueur de relation ou liaison). Mot ou groupe de mots (locution) qui détermine un rapport logique entre deux idées.

Développement (ou corps du texte). Le développement est formé d'un minimum de deux parties. Chacune des parties comprend une idée principale complétée par deux idées secondaires ; chacune de ces idées est illustrée d'un exemple qui doit toujours être justifié.

Exemple (ou illustration ou preuve). Fait, anecdote, vérité universelle, citation, expérience personnelle, l'exemple est concret. Il s'oppose en cela à l'idée qui, elle, reste abstraite.

Figures de style. Ensemble de procédés (ou moyens d'expression) qui confèrent à un texte relief et originalité. Regroupées par famille, on retiendra parmi les plus fréquemment utilisées, les figures par analogie, par substitution, par opposition, par amplification et atténuation.

Idée principale (ou thèse). Elle soutient et approfondit la ligne directrice, en proposant un point de vue particulier sur le sujet étudié. Elle est obtenue en se posant la question « pourquoi ? en quoi ? » à partir de la ligne directrice.

Idée secondaire (ou argument). Elle explique, nuance et complète l'idée principale en répondant aux questions : « comment ? de quelle manière ? à cause de quoi ? dans quel but ? »

Introduction. Constituée de quatre parties, le sujet amené (présentation du sujet), le sujet posé (formulation du sujet), la ligne directrice et le sujet divisé (annonce du plan), elle est généralement courte. On l'écrit toujours à la fin de la rédaction d'un travail.

Ligne directrice (ou idée directrice, fil conducteur, objectif, thèse principale, point de vue). Prise de position sur un sujet donné qui oriente toute la réflexion de la dissertation. Elle peut être obtenue en se posant la question :

« Pourquoi est-ce que… essentiellement ? »

Mot clé. Terme qui contient une notion essentielle à la compréhension d'un texte.

Partie. Élément du développement constitué d'une idée principale, de deux idées secondaires et d'un exemple par idée secondaire. Une partie propose un aspect particulier du sujet. Une dissertation compte deux ou trois parties.

Plan (ou structure ou organisation). Le plan organise des idées et des exemples, obtenus à partir de l'analyse d'un sujet, en une suite logique, cohérente et progressive. Il est toujours formé de trois sections : l'introduction, le développement et la conclusion.

Problématique. Question, explicite ou implicite, que soulève un sujet de dissertation et sur laquelle va reposer tout le travail de réflexion. Un sujet reformulé n'est souvent rien d'autre que l'expression de la problématique.

Section. Une dissertation est constituée de trois sections immuables : l'introduction, le développement et la conclusion.

Sujet. Énoncé qui pose un problème qu'il s'agit de résoudre par un travail de réflexion. Un sujet comprend quatre parties : l'objet, le thème, la problématique et la consigne.

Thème. Notion, idée développée dans un texte sur laquelle s'exerce la réflexion de l'auteur.

Tonalité. Coloration émotive d'un texte obtenue par une série de moyens techniques (figures de style, ponctuation, vocabulaire précis). Un texte offre en général une combinaison de plusieurs tonalités. On distingue, entre autres, les tonalités épique, tragique, pathétique, dramatique, lyrique, comique, réaliste.

Index

iste des tableaux et schémas